독립운동의 선구자
보재 이상설 평전

독립운동의 선구자

보재 이상설 평전

김삼웅

채륜

저자는 2016년 8월 30일,
연해주 우스리스크 우쪼스노예 마을 주변
라즈돌리노예 강 옆에 세운 보재 선생의 유허비를 다시 찾았다.

이상설 선생, 그는 누구인가?

항일독립운동의 선구자 보재 이상설

우리나라 국민 중에 내년(2017년) 4월 22일(러시아 망명지에서 48세를 일기로 서거) 서거 100주년을 맞은 '독립운동의 선구자' 보재溥齋 이상설李相卨 선생을 알고 있는 분이 몇명이나 될까?

소수의 역사학자와 역사교사를 제외하면 대부분 잘 모를 것이다. 더러는 이준·이위종 선생과 더불어 네덜란드 헤이그 특사의 일원으로 기억하는 정도에 그칠 것이다. 그의 활동범위가 해외, 특히 러시아 지역이고 너무 일찍 세상을 떠난 관계로 선구적인 국권회복운동과 독립운동의 큰 업적에도 불구하고 조명이 제대로 이루어지지 못하였기 때문이다.

서거 100주년이 될 때까지 아직 국적조차 회복하지 못한 상태에서 역사와 국민으로부터 잊혀져가는 이상설 선생은 우리가 반드시 기억하고 독립운동사에 그리고 역사교과서에 고딕체로 기록해야 하는 독립운동의 독보적인 선구자이다.

이상설 선생은 상하이 대한민국임시정부 수립(1919년) 보다 5년 앞서 해외에 최초의 망명정부인 대한광복군정부를 세우고 정통령正統領에 피선되었다. 이에 앞서 고종에게 을사늑약을 막지 못하면 차라리 자결하라는 직설적인 상소, 을사오적의 처단 상소, 북간도에 최초의 민족교육 기관인 '서전서숙'을 세워 항일교육실시, 고종황제의 헤이그 만국평화회의 정사正使, 해외 최초의 독립운동기지 '한흥동' 건설, '13도의군' 창설, 항일운동단체 '권업회'와 '성명회' 조직, 독립군사관학교 '대전학교' 설립, '신한혁명단' 조직 등 해외 독립운동의 기초를 닦았다.

헤이그특사의 활동으로 순종의 친일 내각이 일제의 압력으로 궐석재판에서 사형을 선고하면서 끝내 귀국하지 못한 이상설 선생은 시베리아지역을 무대로 국권회복 운동을 치열하게 전개하였다.

망국 4년 차인 1914년 중국과 러시아 지역의 대표적인 독립운동가 이동휘·이동녕·정재관 등 항일투사들을 규합하여 세운 대한광복군정부는 무력을 통해 일제와 싸워서 독립을 쟁취하자는 최초의 망명정부였다. 그는 또 1910년 국치를 당하자 고종 황제를 러시아로 파천시켜 망명정부를 세우고자 시도하기도 했었다.

안중근 의사가 이토 히로부미를 처단하고 1909년 7월 여순감옥에 갇혀 재판을 받으면서 조선의 각계 인물들을 평하면서 다음과 같이 이상설을 평가하였다.

이상설. 금년 여름 해삼위에서 비로소 만났다. 동인同人의 포부는 대단히 크다. 세계대세에 통하고 동양의 시국을 간파하고 있다. 이범윤 같은 이는 만인이 모여도 상설 한 사람에 미치지 못한다.

동인의 의병에 대한 관념은 의병이 일어남으로써 한국인이 일본의 보호를 받는 것이 좋다고 하는 것을 이등박문이 중외에 말하고 있지만 그것이 결코 좋은 것이 아니라는 반증으로서는 동양의 평화를 스스로 깨게될 염려가 있다고 말하고 있다. 여러 차례 만나서 그의 인물을 보니 기량이 크고 사리에 통한 대인물로서 대신大臣의 그릇됨을 잃지 않는다.

이상설은 재사才士로서 법률에 밝고 필산筆算에 통달하고

영·불·러·일어에 통한다. 사람은 지위에 따라 심지心持를 달리하는 것이지만 최익현·허위 등에 비하여 용맹한 기상은 혹 적을 지 모르나 지위를 달리함으로 할 수 없는 일이다.

세계대세에 통하고 애국심이 강하고 교육발달을 도모하여 국가백년대계를 세우는 사람은 동인일 것이다. 또한 동양평화주의를 갖는 데 있어서는 동인과 같이 친절한 마음이 있는 사람은 드물다.

필자는 2001년 10월 18일 신문사(대한매일) 주필로 재직하고 있을 적에 광복회 등과 함께 보재 선생 시신을 화장하여 고국 땅으로 흘러 보낸 시베리아 우스리스크의 수이푼 강 주변에 〈이상설 선생 유허비〉를 세우는 데 참여하였다. 그리고 지난 9월 신흥무관학교기념사업회 주최로 두 번째 현지를 답사하여 선생의 애국혼을 찾았다. 다음은 유허비 내용이다.

보재 이상설 선생은 1870년 한국 충청북도 진천에서 탄생하여 1917년 연해주 우수리스크에서 서거한 한국독립운동의 지도자이다. 1907년 7월에는 광무 황제의 밀지를 받고 헤이그 만국평화 회의에 이준·이위종 등을 대동하고 사행하여 한국독립을 주창하다. 이어 연해주에서 성명회와 권업회를 조직하여 조국독립운동에 헌신 중 순국하다. 그 유언에 따라 화장하고 그 재를 이곳 수이푼 강물에 뿌리다.

광복회와 고려학술문화재단은 2001년 10월 18일 러시아 정부의 협조를 얻어 이 비를 세우다.

필자는 또 독립기념관에 근무할 때인 2007년 헤이그특사 100주년을 계기로 헤이그 현지에서 '헤이그특사 100주년기념 국제학술대회'를 개최하고, 세 분 특사들의 업적과 행적, 당시 현지의 언론보도 등을 살폈다. 그리고 꾸준히 자료를 모아오면서 기회가 되면 언젠가 '보재 이상설 평전'을 쓰고자 마음준비를 해왔다.

실제로 일찍부터 이상설 전기를 쓰려고 준비한 사람이 적지 않았다. 대표적인 분은 위당 정인보 선생이다. 하지만 관련 자료를 모을 수 없어 손을 놓았다. 단편적이지만 조완구·박은식·장석영·조소앙·이명상 등 독립운동가들이 보재 선생의 전기를 썼으나 소전小傳에 그치고 말았다. 생애를 관통하는 전기는 윤병석 교수가 1984년에 쓴 『이상설전』이 처음이었다.

윤 교수는 자료를 보완하여 1998년 『증보 이상설전』을 펴냄으로써 이 분야의 개척자적인 역할을 하였다. 하지만 내용이 전문적이고 학술적이어서 일반인이 접근하기는 여간 쉽지 않았다. 그럼에도 나의 '평전'은 이 책을 많이 인용·참고한 것임을 밝히면서, 윤 교수의 노작에 감사드린다.

'역사정의' 짓밟힌 시대, 이상설 정신과 함께

최근 박근혜 대통령이 국무회의에서 "자기 나라 역사를 모르면 혼이 없는 인간이 되고, 바르게 역사를 배우지 못하면 혼이 비정상이 될 수밖에 없다."라고 언급하였다. 한데 막상 '자기 나라 역사'를 황당한 고대사나, 독립운동사 대신 친일파들의 죄상을 면탈하는 '1948년 8·15 건국절' 따위의 몰가치적인 국정교과서를 강행하는 시대가 되었다. 따라서 우리 '역사'가 정통사가 아닌 식민지근대화론을 공인하고 독재자들을 '건국의 아버지', '부국의 아버지' 따위로 미화하는 변통사로 전락하게 만들고자 시도한다.

1세기 전 백암 박은식 선생은 "나라는 없어질 수 있으나 역사는 없어질 수 없다. 이는 나라가 형체라면 역사는 정신이기 때문이다."라는 신념으로 독립운동과 역사지키기를 일체화하면서, 역사란 곧 '국백國魄'과 '국혼國魂'의 기록이라 역설하였다.

이명박근혜 정부의 '역사'가 조선총독부에서 편찬한 『조선사』 위주의 뉴라이트사관이라면, 백암의 사관은 '국백과 국혼'의 민족사관이고, 단재 신채호의 '아와 비아'는 자주사관에 속한다. 이같은 사관의 차이를 분별하지 못하면 그야말로 '혼이 없는 인간', '혼이 없는 국가'가 된다.

이상설 선생은 25세에 조선조 최후의 과거인 갑오문과에 급제한 자질과 능력으로 보아 시대와 적당히 타협하고 이에 따라 처신하면서 살았으면 일생 편안하게 권부를 누리면서 지냈을 것이다. 그랬다면 후손들은 선대가 남긴 유산으로 대대로 권문세가가 되었을 것이다.

보재 선생은 1905년 11월 18일 을사늑약이 아직 고종황제의 인준을 거치지 아니한 사실을 알고, 사직소를 통해 고종이 죽을 각오를 하고 을사5적을 처단하고 늑약을 파기할 것을 주청하였다. 이때에 '순사직殉社稷'이란 표현을 썼는데, 사직을 위하여 목숨을 던지라고 촉구했으나 겁이 많은 망국 군주와 매국대신들은 오히려 그를 면직시켰다.

이후 선생은 망국의 포의布衣로서 홀연히 국권회복투쟁에 나서 해외를 떠돌며 치열하게 왜적과 싸웠다. 그의 주변에는 일제의 밀정과 '사이비 애국자'들이 그림자처럼 따라다녔다. 교포들과 독립운동가들로부터 한 몸에 존경을 받는 그의 위상을 해치고 교포사회에서 매장하고자 각종 음모도 꾸몄다.

오랫동안 거처하던 블라디보스토크에서도 그런 음모가 진행되었다. 보재는 일제 밀정을 차치하고라도 동포 중 사이비들의 일탈된 행위를 개탄하며 하바로프스키로 떠나면서 애끓는 싯구를 지었다.

나라를 잃어 나라를 울고 / 집을 떠나 집을 울고 / 이제
몸둘 곳 조차 잃어 몸을 운다
泣國泣家又泣己

훗날 정인보가 쓴 추모시의 한 대목이다.

죽음에 임하여 크게 탄식함은
고신孤臣의 한이 가슴에 맺혔음이라.
원컨대, 죽은 몸은 불 속에 던지우고
재는 들어 명발溟渤에 뿌리기를.

스스로가 잔고殘稿를 불태움은
행적을 불전不傳하려 함이더라.
그림자조차 남기지 않았기에
훗날 이름마저 다할까 두렵구나.

보재 선생은 니콜리스크에서 임종을 앞두고 찾아온 이동
녕·이회영·박순 등 동지들에게 간곡하게 당부하였다.

동지들은 합심하여 조국광복을 기필코 이룩하라. 나는
광복을 못보고 이 세상을 떠나니 어찌 고혼인들 조국에 돌

아갈 수 있으랴. 내 몸과 유품은 남김없이 불태우고 그 재
도 바다에 버리고 제사도 지내지 말라.

보재 선생이 서거한 1917년은 조국의 독립이 아직 까마
득하고, 상하이의 임시정부도 수립되기 전이었다. 1915년 3
월 박은식·신규식·여운형·조성환·유동열 등이 신한혁명단
을 조직하고 이상설을 본부장으로 추대하였다. 일제의 정보
자료에는 당시 보재가 상하이로 가서 직접 이 단체의 결성을
주도한 것으로 보고되었다.

이상설 선생의 부음 소식을 전한 미국에서 나온 동포신문
『신한민보』 기사이다.

시베이라 바람이 급하고 우수리강의 물결이 목매치니,
오호라 우리 공公이 길이 갔도다. 만리 사절이 바다를 건널
때는 천년국장이 땅에 떨어진 날이라.

성패야 어찌 논하리요, 충의를 깊이 공경하노라. 공은 몸
을 버렸거늘 우리는 몸을 보존하였으니 한 줌에 차는 눈물
이 실로 공을 위로함이 아니요, 스스로 슬퍼함이로다. 지금
본국本國(한국)에 명월明月이 달렸나니 공의 영혼이 항상 임
하소서.

해방이 되고도 70여 년이 지난 오늘 시대가 하수상하여 정통이 땅에 묻히고 변통이 득세하는 무도無道의 세상이 되었다. 독립운동가 후손들은 흙수저를 물고 나오고 친일파 후손들과 독재자 후손들은 금수저를 물고 태어난다. 그리고 이같은 현상은 세습으로 굳혀지고 있다.

보재 이상설 선생은 교육자·독립운동가임과 더불어 절세의 경륜가였다. 국치를 당하지 않았거나 생존하여 광복을 맞아 해방정국에서 활동했다면 새 국가 건설에 큰 경륜을 폈을 것이다. 이것은 결코 추론이거나 고인에 대한 과장된 헌사가 아니다. 1895년에 쓴 글을 통해 자주사상과 개화혁신사상의 일단을 보게 된다. 오늘의 정계와 대비해도 별로 차이가 없는 지적이다.

지금 정치를 하는 사람의 병폐는 두 가지가 있다. 그 하나는 습속(전통과 구습)에 얽매인 사람들로 시세의 발전을 알지 못하여 개혁을 이루지 못하고 옛 것에만 빠져 있는 것이요. 다른 하나는 개화에 급급한 사람들로 근저를 굳게 갖지 못하고 자기 것만 옳다고 독책하는 과실이 있는 것이다. 그러므로 인습과 고식하여 끝내 발전할 기약이 없는 것이다.

보재 선생의 선각적인 행적과 경륜, 인고와 파란에 찬 독립운동, 결국 궐석재판으로 사형선고를 받고 끝내 조국 땅을 밟지 못한 채 이역에서 중정中絶하고만 안타까운 간고의 생애를 찾고자 한다.

서거 100주년을 맞아 역사정의가 짓밟히고 민족정기가 훼손된 배역背逆의 시대에 보재 선생의 치열했던 독립사상과 정도정신正道精神을 되살리는 도정에 뜻 있는 독자 여러분과 함께 하고자 한다.

마지막으로 바쁘신 와중에도 추천사를 써주신 이재정 교육감님께 감사드린다.

보재 이상설,
그분을 다시 광장에서 만납시다

이재정

(경기도교육감, 전 통일부장관, (사)이상설선생기념사업회 명예회장)

학생들이 광장에서 다시 촛불을 들었습니다. 그리고 그 광장에는 20만이 100만이 되고 100만이 다시 200만 명으로 불어나면서 그들이 밝힌 촛불로 어둠이 사라졌습니다. 빛으로 가득한 그곳에서 촛불은 함성이 되어 땅과 하늘을 울리고 있습니다. 젊은이들의 열기와 힘줄이 돋아나 새로운 역사의 생명으로 역동하고 있었습니다.

역사를 돌이켜 보면 1919년 3·1독립운동을 비롯하여,

1960년 4·19학생혁명, 1980년 광주민주혁명 그리고 촛불의 행렬에 학생들은 늘 그 선두에 있었습니다. 학생들은 그때마다 시대정신을 이끌어 갔고, 그 정신은 새로운 민족의 역사를 만들어 왔습니다. 학생들은 역사의 진실을 보았습니다. 학생들은 현실을 직시하였습니다. 그리고 학생들은 새로운 시대의 꿈을 꾸고 있었습니다. 학생들의 꿈은 촛불로 이어져서 새로운 희망을 만들었습니다. 주저앉아 있던 사람들을 일으켜 세웠습니다. 힘을 잃은 사람들의 눈을 부릅뜨게 만들었습니다. 그리고 세상을 바꾸기 시작했습니다.

그런데 그 이전에 우리 역사에 하나의 촛불 같은 존재가 있었습니다. 보재 이상설. 낯선 이름입니다. 1917년 연해주에 있는 우스리스크 강변에서 삶을 마감하면서 자기 몸을 그대로 불사르고 사라졌던 사람. 1905년 을사늑약으로 나라가 사라져 가던 절망적인 상황에서 을사오적을 처형하고 나라와 사직을 지키기 위하여 고종 황제에게 스스로 목숨을 던져 나라를 지켜달라고 상소를 올렸던 사람. 하얼빈 역에서 이토 히로부미를 민족의 총으로 저격 심판했던 안중근 의사가 존경하던 민족 지도자. 그 이상설을 역사가 김삼웅 선생이 오늘의 광장에 하나의 큰 촛불로 다시 세웠습니다. 김삼웅 선생은 항일독립운동의 선구자 이상설 평전을 오마이뉴스에 반년 넘게 연재하면서 단순히 한 사람의 위대한 삶을 기록한 것이 아니라, 오늘 우리가 왜 촛불을 들어야 하며 왜 우리가 광장에 나서야 하는가 그 목적과 목표가 무엇이 되어야 하는가를 밝혀주고 있습니다. 그러므로 이 책은 단순한 '평전'이라기보다 100년 전 그의 함성과 빛을 이 광장에 전달하는 '횃불'이라고 할 수 있을 것입니다. 더구나 저자는 지금 과거사를 그대로 묻어버리고 더 나아가서 한일군사정보협정을 맺으면서 친일정권을 넘어 친일의 군사관계를 만들고 있는 이 나라에 경각심을 일으키고 있습니다.

젊은 신하로서 황제에게 스스로 목숨을 끊어 나라를 지켜달라고 상소했던 그 이상설은 우리 젊은이들의 빛이었습니다. 이상설이 남긴 애끓는 시 한편은 지금도 우리에게 울분을 일으키기에 충분합니다.

　　나라를 잃어 나라를 울고
　　집을 떠나 집을 울고
　　이제 몸 둘 곳조차 잃어 몸을 운다

그리고 이상설은 독립운동에 몸을 던졌습니다. 수많은 사람들이 이상설의 뒤를 따랐습니다. 1905년경부터 만주 지역의 항일운동은 대한광복군정부를 세우고 이상설을 정통령으로 세웠습니다. 고종 황제를 모셔다가 입헌군주국을 망명정부로 세우겠다는 이상설의 야심찬 계획은 비록 성사는 되지 않았지만 독립운동의 열기를 전하기에 충분하였습니다. 만주 곳곳에 학교를 세워서 젊은 항일 운동가들을 길러냈고, 신흥무관학교를 통해서는 항일독립전사들을 훈련하였습니다. 그 땅이 그것은 처음에는 촛불 같은 것이었지만 만주의 광활한 벌판에 들불처럼 번져나갔습니다. 그리고 이 항일정신은 상해임시정부로 이어졌습니다.

이상설이 독립운동의 꿈을 현실로 만들어 가던 그곳은 바로 우리 고대사의 첫 출발지였던 고조선은 물론 고구려 발해의 터전이었습니다. 광개토대왕의 무서운 기세가 대륙을 서늘하게 만들었던 그 역사의 흔적이 배인 곳이었습니다. 그곳에서 1907년 이상설은 고종 황제의 정사로서 네덜란드 헤이그로 건너가 만국평화회의에 참석한 세계 곳곳의 사람들에게 대한제국의 독립을 외쳤고 그 후 러시아, 영국, 미국 등을 돌면서 우리 민족의 독립과 일본제국주의의 불의한 침략의 부당성을 설파하였습니다.

오늘 우리는 어떻습니까. 광장의 촛불은 무엇을 의미합니까. "이게 나라냐?" 학생들의 외침에서 우리는 다시 100년 전을 돌이켜 보지 않을 수 없습니다. 왜냐하면 비록 1945년 우리는 광복의 새로운 세계를 맞이하였지만 미·소의 군정으로 한반도는 유린당했고 1950년 한국 전쟁은 끝내 우리나라를 분단의 비극으로 몰아넣었습니다. 이 배경에는 무엇이 있습니까. 우리 역사가 이 지경에 이르게 된 근본적인 원인은 무엇입니까. 한마디로 말하면 우리는 아직도 이상설이 꿈꾸었던 그 독립을 제대로 이루지 못한 것입니다. 즉 일제가 뿌려 놓은 친일의 망령에서 벗어나지 못하고 있다는 것입니다. 우리는 이승만 정권 시절 친일파의 역사를 청산하지 못했습니다. 그래서 지난 세월 이 나라는 친일파가 지배하는 어둠의 그림자에서 벗어나지 못했습니다. 결국 그것이 오늘 우리를 여전히 어둠의 세력에 의하여 지배 받게 하고 있는 것입니다. 잠시 우리가 민주화의 세계를 맛보았지만 이내 우리는 친일세력에 의하여 어둠 속에 잠긴 것입니다.

김삼웅 선생이 이제 이상설, 그의 정신 그의 뜻 그의 삶을 이 광장에 촛불로 다시 세워 주셨습니다. '국민의 명령'은 곧 친일의 역사를 완전히 청산하고 온전한 민주공화국을 세워 국민이 주인이 되는 나라를 위하여 촛불을 높이 들라는 것입니다. 그러므로 우리는 이상설 평전을 통하여 과거사를 읽는 것이 아니라 오늘의 역사 오늘의 역사적 과제를 다시 밝히는 것이어야 합니다. 보재 이상설. 그분을 다시 광장에서 만나 보시기 바랍니다.

차 례

1장

출생과
학문 연구 시기

진천군 덕산면에서 선비아들로 태어나

한국독립운동의 기틀을 닦
은 이상설은 1870년(고종 7
년) 음력 12월 7일 충청북도
진천군 덕산면 산척리 산직
마을에서 시골 선비인 아버
지 이행우李行雨와 어머니 벽
산碧山 이씨의 장남으로 태
어났다. 11년 연하에 동생 상
익相益이 있다.

관복을 입은 이상설. 왼쪽은 동생 이상익.

그가 태어난 시기는 내우
외환으로 나라가 심하게 요동치고 있었다. 무능한 군주와
몽매한 지배세력은 국제정세의 변화에는 눈을 감은 채 왕권

유지와 권력다툼으로 세계사적인 변혁의 기회를 놓치고 있었다.

19세기 후반 조선사회는 지배세력의 적서차별·지역차별과 삼정문란·관리들의 가렴주구로 민중들은 생활의 터전을 상실하면서 점차 저항의식이 싹트기 시작했다. 도처에서 민란이 일어나고 민란은 차츰 조직화되고 연대하면서 1862년에는 진주민란을 시작으로 충청·전라·제주·함경·경상도 등 전국 각지에서 민란이 동시다발적으로 전개되었다. 이른바 경술민란이었다.

한말 밑으로부터의 저항은 민란의 형태와 최제우를 교조로 하는 동학의 종교 형식으로 나타났다. 봉건지배층은 백성을 '민본民本'의 대상이 아닌 억압과 착취의 대상으로 삼고 민심을 외면한 '불통권력'은 위기의 해결 방식을 반동적 탄압으로 일관하였다.

이와 때를 같이하여 서세동점의 시대를 맞아 국제열강의 식민지 쟁탈전이 한반도에까지 밀려와 1866년의 병인양요와 러시아의 경원지역 침략을 시작으로 1868년 남영군묘 도굴 사건이 벌어지고 1871년 신미양요, 1875년 운요호사건이 일어났다.

일본 군함 운요호는 항로 조사를 명분으로 조선의 서해안을 북상하여 강화도에 침투했다. 당시 강화도 부근은 허가 없이 외국 배가 통과하는 것이 금지돼 있었다.

이에 초지진에서 운요호에 퇴거를 명령하며 포격하자 운요호가 이에 대항하여 초지진을 공격했다. 그리고 운요호는 퇴항하는 길에 영종도에 무단 상륙하여 관아와 민가에 불을 지르고 30여 명의 주민을 학살했다. 일본은 적반하장격으로 이 사건을 트집 잡아 조선 정부에 협상을 강요하고 그 결과 강화도조약이 체결되었다.

강화도조약은 개항의 첫 걸음이었지만 실제로는 일제가 조선을 침략하는 개문납적開門納賊의 첫 장이었다. 강화도조약이 강제된 지 35년 만에 일제는 조선을 강제로 집어삼켰다.

이상설은 이같은 풍랑이 몰아치는 격동기에 충청도의 한적한 마을에서, 운명적으로 풍운을 안고 태어나 풍운아가 되었다. 조선은 갑신정변(1884) → 동학농민혁명(1894) → 갑오경장(1894) → 광무개혁(1897) → 대한제국(1897)으로 이어지는, 위로부터 또는 밑으로부터 개혁의 기회가 몇 차례 있었으나, 위정자와 지배층은 기득권을 놓치지 않으려고 발버둥치다가 결국 망국을 불러왔다. 무능한 가장이 가정을 파탄시키는 일이나 무능한 위정자가 국가를 망치는 것은 고금이 다르지 않다.

이상설이 태어난 덕산면은 진천군의 동북부에 위치한다.

본래 진천군 지역으로 덕문면이었던 것이 1914년 조선총독부의 군·면폐합에 따라 방동면·소답면·산정면·북변면·남변면 그리고 음성군의 맹동면의 일부가 병합되어 덕문면과 산정면의 이름을 따서 덕산면으로 되었다.

덕산면의 지역이 해발고도 100m 이하의 평지로 되어 있으며, 중앙부에 미호천의 지류가 남류하며 일부분의 구릉지를 제외하고는 대부분이 경지로 이용되어 경지이용률이 높은 편이다.

또한 곳곳에 소규모의 저수지와 방죽이 산재하여 농업용수를 공급한다. 따라서 진천평야의 중심지를 이루며 군내에서 쌀 생산이 으뜸이다. 보리·옥수수·콩 등의 생산과 잎담배·고추재배 및 양잠이 활발하고 특히 덕산고추는 특산물로 유명했다.

교통은 용몽리를 중심으로 도로가 방사상으로 뻗어 있으며, 군산~장호원간의 국도가 북부를 지난다. 용몽리에 있는 백사봉은 산봉우리가 기묘하게 생겼으며 면내의 관광지로 알려져 있다.

이상설의 가계는 고려시대의 대학자 익재 이재현李齋賢의 22대손이며 조선 선조·인조 때에 영의정을 지낸 이시발李時發의 11대손이다. 이상설의 어릴 적 이름은 복남福男이고 자字는 순오舜五, 호號는 보재溥齋, 당호堂號는 벽로방주인碧盧房

主人이며 본관은 경주이다.

이상설의 선대가 진천에 자리 잡게 된 것은 이시발이 선조 先祖의 향제를 지내기 위하여 이곳에 정착하면서 시작되었 다. 이시발의 두 아들은 판서와 좌상을 역임하고 손자도 판 서를 지낼 만큼 가문에서 명신明臣들이 배출되었다. 이후에 는 이렇다 할 인물이 없었다.

일부 기록에는 이상설의 할아버지 대부터 생활이 궁색했 으나 뼈대 있는 선비 가문의 전통을 지켜왔다고 한다. 이상 설이 서울의 일가에 양자로 간 것은 가난 때문에 제대로 교 육이 어려워서가 아니었을까 싶다.

7세에 양부따라 상경

이상설은 7세가 되던 1876년 서울 장동(현 명동)에 사는 족 친 이용우李龍雨에게 출계出系(양자)하여 서울로 올라와 양부 모 밑에서 성장한다. 어린 나이에 부모를 떠나 낯선 생활이 었으나 타고난 자질이 우수한 데다 어릴 적부터 서울에서 생 활하게 되면서 평생의 지우들을 만나고 개화문물을 접하게 되었다.

이용우는 11대조祖 시발의 아들 경억慶億의 후손으로 동부승지와 이조참의 등을 지내고 재산도 많았으나 자식이 없었다. 그래서 이용우는 일족이 많이 사는 진천으로 내려가 수소문 끝에 재질이 영특한 이상설을 양자로 맞게 되었다.

이상설은 상경 이듬해(8세)에 이제촌이라는 한학자에게서 한문을 배우게 되었다. 양부의 집 후원 사랑에 '벽노방碧盧房'이란 당호를 걸고 이웃의 재동들과 함께 공부하였다. 벽노방의 당호는 중국의 명필 옹방강翁方綱의 글씨로서 기둥에 현판 돼 있었다. 옹방강(1733~1818)은 청대의 금석학자·경학가·사학자·시인으로서 6천여 수의 시를 짓고 금석金石 문헌을 수집하여 고증한 인물이다. 옹방강이 어떤 경로로 여기에 당호를 썼는지는 알 길이 없다.

이상설이 13세 때인 1882년 4월 우연히도 양부와 친부가 별세하고 다음 해에는 생모까지 세상을 떴다. 이상설은 3년상을 치른 후 16세 때 참판 서공순徐公淳의 장녀 달성 서씨와 결혼하였다. 이 무렵부터 제천의 한학자 박의암 선생을 맞아 사제지의를 맺고 벽노방에서 유학을 공부하였다.[1]

이상설은 잇따른 상사喪事와 과도한 글공부로 건강을 해치게 되자 학업을 중단하고 1년 동안 엽사와 함께 강원도 산골로 사냥을 다니며 건강 회복을 위해 노력하였다.

강원도에서 돌아온 이상설은 지금 명동 성모병원 근처인 저동으로 이사하여, 뒷날 6형제가 전 재산을 팔아 만주로 망명하여 신흥무관학교를 세우고 해방 후 초대 부통령이 된 이시영과 가까이에서 살게 되었다. 이시영은 만년에 이상설과 함께 글공부했던 시절을 회고한다.

당시 보재(이상설)의 학우는 자신과 그의 백형인 우당 회영會榮을 비롯하여 남촌의 3재동으로 일컬었던 이범세·서만순과 미남이요 주옥같은 글씨로써 명필로써 이름을 남긴 조한평, 한학의 석학인 여규정, 절재絶才로 칭송되던 여조현 등이 죽마고우이었고, 이희종과는 결의형제의 맹약까지 한 사이였다. 또한 보재는 학우간에서 선생격이었기에 그 문하생으로는 민형식 등 7·8명이나 있어 동문수학자는 17·8명이나 되었다.

보재가 16세 되던 해인 1885년 봄부터는 8개월 동안 학우들이 신흥사에 합숙하면서 매일 과정을 써붙이고 한문·수학·영어·법학 등 신학문을 공부하였다. 그때 보재의 총명 탁월한 두뇌와 이해력에는 같은 학우들이 경탄을 금치 못할 정도였다.

또한 끈질긴 탐구열과 비상한 기억력은 하나의 기이지사 奇異之事였다. 보재는 모든 분야의 학문을 거의 독학으로 득달하였는데 하루는 논리학에 관한 어떤 문제를 반나절이나 풀려다가 낮잠을 자게 되었는데 잠속에서 풀었다고 깨어서

기뻐한 일이었다.

또한 학우들이 다 취침 후에도 혼자 자지 않고 새벽 두세
시까지 글을 읽고도 아침에는 누구보다도 일찍 일어나 공
부하였다. 기억력이 얼마나 비상하였든지 자면서도 학우들
이 한 이야기를 깨어서 역력히 기억하였다. 그는 주식(점심)
후에는 반드시 한 20분 가량 자는 습관도 있었다.[2]

수재들과 신구학문, 과거급제

동문수학했던 이시영의 회고담에서 보이듯이 이상설은 10
대 후반에 당대 서울의 수재들로 알려진 이시영·이회영·이
범세·서만순·조한평·여규정·여조현·이희종 등과 한문·수
학·영어를 비롯하여 신학문을 공부했다. 그리고 이들의 리
더가 되었다. 이들보다 앞서 가회동 박규수의 집에서는 김
옥균·서광범·홍영식 등 양반 자제들이 개화사상에 심취하여
열심히 공부하고 있었다.

이시영은 1891년 문과에 급제하여 동부승지·평안관찰사·
고등법원 판사 등을 지내다가 한국병탄이 이루어지자 6형제
가 전 재산을 팔고 만주로 망명, 신흥무관학교를 설립하여
독립군 양성에 힘썼다. 1919년 상하이 임시정부가 수립되자

법무·재무총장을 역임하고 한독당 창당에 참여하여 초대 감찰위원장에 피선되었다. 임시정부 직제 개정 때 국무위원 겸 법무위원이 되어 독립운동에 진력하다가 해방을 맞아 대한민국 정부가 수립되자 초대 부통령에 당선되었으나 이승만 대통령의 비민주적 통치에 반대하여 부통령직을 사임하였다. 이와 같은 경력의 이시영은 해방 후 환국하여 자주 이상설의 인물됨을 피력하였다.

이상설은 대단히 조숙한 편이었다. 그리고 재능이 다양하여 유학은 물론 신학문에 있어 정치·법률·경제·사회·수학·과학·철학·종교 등에 일가를 이루고, 무엇보다 영어·불어·일어·노어를 익혔다.

이상설이 10대 후반인 1885년 조선에서는 미국 선교사 알렌이 최초의 서양식 병원인 광혜원을 설립하고, 아펜젤러가 최초의 근대식 중고등 교육기관인 배제학당을 설립하는가 하면, 1886년 이화학당 설립, 1987년 정동교회 창립 등 서양의 문화와 종교기관이 이 땅에 자리 잡기 시작하였다.

그렇지만 서양학문이나 외국어의 수학은 소수 양반 권세가 자제 등 특수층에서나 접할 수 있었다. 그런 시기에 이상설과 그의 동지들은 신학문을 공부하고, 1898년 가을에는 이회영·여준·이강변 등과 더불어 시국을 광정하고자 이상설의 서재를 연구실 겸 회의장으로 정하고 매일회합하여 정치·경제·법률·동서양사 등 신학문을 학습하여 치국훈민의 신정강新政綱을 준비하였다.[3]

이상설이 20세가 넘으면서 학계에서는 큰 학자로 소문이 났다. 당대의 석학이며 양명학자인 이건창이 이상설의 나이 25세 때에 장차 "율곡 이이를 조술祖述할 학자"라고 촉망하는 내용의 편지를 보낼 만큼 널리 알려졌다.

진실로 이상설의 뒷날 대성하고 창무暢茂한 것을 누가 막지 않는다면, 이는 곧 율곡의 도道가 행함이요, 그것은 나라의 부강이 될 것이요, 백성의 복지가 될 것이요, 선비의 영화가 될 것이다. 어찌 작게 이상설 혼자만의 행복이라 하리요.[4]

이상설은 1894년(25세) 초 조선의 마지막 과거인 갑오문과甲午文科에 병과丙科로 합격했다. 고려 때부터 관리 선발의 목적으로 실시된 과거제도가 갑오경장(1894년) 때 성균관을 근대적 교양을 가르치는 학교로 개편하면서 과거제도를 폐지하고 근대적인 관리 등용법을 제정하였다. 그러나 과거제 폐지는 그 목적과는 달리 세도가들의 자제들을 등용하는 음서제로 악용되면서 매관매직이 더욱 심화되었다.

이상설은 1894년 한림학사에 제수되고 이어서 세자 시독관이 되었다. 이즈음 전라도 고부를 시작으로 동학농민전쟁이 발발하고 곧 삼남지역으로 확대되면서, 청·일 양국군이 한반도에 진주하고 청일전쟁으로 비화되었다. 이상설은 1월에 성균관 교수와 관장에 임명되었다가 2월 22일 성균관 관장직을 사임하였다. 정국은 을미사변에 이어 고종의 아관파천이 이루어지고 러시아 세력이 급팽창하는 등 외세의 작용으로 정치 불안이 계속되었다. 이상설이 성균관 관장을 사임한 데 대한 윤병석 교수의 해석이다.

게다가 국내정국도 청일전쟁과 갑오경장을 통한 일제침략에 항거하는 지방의 의병봉기와 개화혁신을 주도하려는 개화세력인 독립협회의 활동이 줄기차게 일어나고 있었다. 이와 같은 시국에서 이상설은 러시아 공사에게 견제되는 아관俄館에서의 친러정부속에 들어가 그의 경륜을 편다는 것은 객관적으로 타당성이 없었고 또한 출사의 명분도 없었던 것이라고 해석된다.[5]

『나라사랑』 제20집 「보재 이상설선생 특집호」의 '보재연보'에는 이 시기 그의 행적을 다음과 같이 기술한다.

△ 1895년 (고종 32년, 26세) - 4월 7일에 비서감(승정원) 비서랑(6등)에 임명되고 6월 17일에 비서랑에서 면직되다.

△ 1896년(건양 1년, 27세) - 1월 20일에 성균관 교수에 임명되고, 1월 25일 성균관 교수겸임 성균관 관장에 임명된다. 2월 22일 성균관 관장을 사임하고 한성사법학교 교관에 임명되었다가 3월 25일 사임하다. 4월 19일 탁지부 재무관에 임명되고, 6월 20일 의원사임.

△ 이무렵 H·B 헐버트 박사와 친교를 맺고 영어·불어 등 외국어와 신학문을 공부하다.[6]

2장

학문 연찬과
출사 시기

독학으로 외국어 익히고 신학문연구

이상설이 출사하여 활동할 때는 점차 국운이 기울어 경각에 이르고 있었다. 500년 조선왕조는 외세의 침탈에도 이를 막아낼 기력을 상실한 채 허우적거렸다. 이상설은 신학문을 공부하고 영어와 프랑스어 등 외국어를 익히는, 당대 청년 중에는 보기 드문 학식과 어학 실력을 갖췄다.

신학문을 거의 독학으로 습득하면서 간간히 미국인 선교사로서 육영공원의 교사로 초빙되어 고종의 외국인 고문과 한성사범학교 교사 등을 역임한 헐버트H.B.Hulbert 박사에게 배웠다. 두 사람이 친교를 맺고 뒷날 헤이그 사행使行 때 헐버트의 지원을 받을 수 있었던 것은 이 시기에 맺은 교분이 크게 작용하였다.

이상설이 신학문을 수학할 때 쓴 것으로 지금 전해지고 있는, 국제법을 역술한 『십간섭十干涉』을 비롯하여 수학인 『수리』, 물리·화학·식물학인 『백승호초』, 계약법 등의 법률인 『법학민초』·『조세론』·정치학인 『국가론』·『법률조례』와 그의 저술인 『중학수학교과서』 등의 자료는 그의 신학문을 뒷받침하는 자료가 될 것이다. 달필로 된 한문에 간혹 영·불·일문을 주기註記로 섞어 쓴 이들 자료는 그 내용이 지금 보아도 전문적인 수준의 것들이다.

이상설의 신학문은 이와 같이 정치·경제·사회·과학·수학·철학·종교·외국어 등 각 분야에 걸쳐 있었는데, 특히 수학과 법률에 있어서는 대가로 지칭되었다. 때문에 이상설이 애독, 소장하던 서적만도 수천 권에 달하였다. 그러나 그가 해외에 망명한 뒤 일제 지배연간에 거의 산실되어 버렸고 해방 후에 그의 진천 고택에 그 일부가 남아 있었다. 그뒤 고물상으로 넘어가 없어질 뻔한 이 서책들을 당시 부통령 이시영이 회수하여 국회도서관에 기증, 소장하게 하였다.[1]

한때 이상설 평전을 쓰고자 했던 위당 정인보는 보재의 학문세계를 다음과 같이 집약한다.

문장은 경교鯨鮫를 넘어뜨릴 만하고, 성리는 근굴根窟을 뚫었다. 깊은 생각은 역학과 수학에 궁달하였고, 정치와 법률에 통하였다. 예악에는 미치지 않은 데가 없었고, 역사지리에도 더욱 연구가 깊었다. 외국어 정도는 오히려 얕은 데 속하여 스승없이 영어에 능통하였다. 러시아 학문에 통하였으니 톨스토이와도 참교하였다.[2]

1904년 영국인 배설이 양기탁 등 민족진영 인사들의 도움을 받아 창간, 당시 가장 영향력이 있는 민족지이던 『대한매일신보』는 이례적으로 이상설의 학문에 관해 기사를 실었다.

대한의 학자 중에 제일류이니 재성才性이 절륜絶倫하고 조예造詣가 심히 깊어 동서 학문을 거의 다 밝게 깨닫고 정밀하게 연구하므로 성리학과 문장 그리고 정치·법률·산술 등의 학문이 모두 뛰어나고 풍부하다. 이로 말미암아 성명과 칭찬이 자심하여 한인韓人의 여론이 모두 말하기를, 이분이 만약 조정의 윗자리에 앉으면 문명의 정치를 가히 이룰 수 있다 한다. 이는 또한 외국 사람으로 한국에 온 이는 다 익히 들은 바다.[3]

이상설의 학문에 대한 평가는 박은식·장석영·이승희·조완구 등 당대의 석학들이 높이 살 만큼 널리 인정을 받았다. 젊은 시절 막역한 학문적 동반이었던 이시영은 해방 후 귀국하여 보재에 관해 몇 가지 일화를 전했다.

이상설이 28세 때의 일이다. 영남의 명유로 지칭되던 이승희李承熙가 이상설을 찾아와 성리학에 관한 토론을 벌인 바 있었다. 그때 성리학의 심오한 학리는 물론 주자朱子의 대혹大惑한 바 까지도 논급하였다 한다. (…) "구학舊學에 있어서는 박흡하고 통수하여 구경백가九經百家를 말하듯이 기송記誦하여 선생(이승희)을 대할 때 항상 성리학을 강설하였고 그 유類가 대개 부합하였으므로 더불어 토론하여 여고旅苦를 잊기에 이르렀다"고 한 것으로 보아 사실성이 높은 것이라 하겠다.[4]

이상설은 불교학에도 조예가 깊어서 서재라는 70노인에게 불교를 강습하고, 일본에서 법학을 공부하고, 돌아온 장도·이면우 등 유학생들이 오히려 그에게서 강설을 들었으며, 프랑스에서 10년 동안 신학을 연구하고 돌아왔다는 천주교인 방재만이 그를 찾아와 신학에 관한 토론을 듣고 탄복을 하고 돌아갔다고 한다.[5]

특히 수학에 있어서는 이상설이 제1인자로 칭송되고 또한 가장 먼저 학계에 수학을 수용한 것 같다. 그 무렵 일본에서 유학한 남승희가 수학으로서는 이름이 높았으나 고등수학에 있어서 이상설이 독보적 존재로서 그는 능가하지 못하였다는 것이다.

이상설의 수학은 위에서 언급했듯이 당시 통용되던 중등학교 수학교과서를 저술하였고, 1907년 간도에 그가 세운 서전서숙瑞甸書塾에서 직접 학생들에게 교수한 바 있다.[6]

『비유자문답非有子問答』에 쓴 서문

이상설의 글은 현재 남아 있는 것이 별로 없다. 망명지에서 쓴 글은 서거를 앞두고 모두 소각하고, 그 이전 국내에서 쓴 작품은 망명 순국으로 산실된 까닭이다. 여기 소개하는 것은 1895년 11월 16세 때 동향의 벗이며 먼 인척인 안숙安潚이 저술한 『비유자문답非有子問答』을 보고 서문으로 지어 준 것이다. 원문은 한자인데 번안한 것이다.

머리말
네 일찍 들으니 운산運算을 잘하는 사람은 반드시 분수

分數에 밝아 절승하고, 행기行棋를 잘하는 사람은 국세局勢를 살펴 착수한다고 한다. 이로써 보더라도 나라를 잘 다스리는 사람은 모름지기 그 요령을 잘 얻어 때에 따라 알맞게 조치하므로 그 설시設施하는 것은 마치 재부宰夫가 탕국을 조화시키는 것과 같아서 쓰고 짠 것을 각각 그 맛에 알맞게 하는 것이다.

지금 정치를 하는 사람의 병폐는 두 가지가 있다. 그 하나는 습속(전통과 구습)에 얽매인 사람들로 시제의 발전을 아지 못하여 개혁을 하지 못하고 옛것에만 빠져 있는 것이요, 다른 하나는 개화에 급급하는 사람들로 근저를 굳게 갖지 못하고 자기 것만 옳다고 독책督責하는 과실이 있는 것이다. 그러므로 인순고식하여 끝내는 발전할 기약이 없는 것이다.

나의 벗 안상사숙安上舍潚 씨는 호서湖西, 망사望士라, 나와 사돈(인척)의 정의가 있어 늘 보고 만나는데, 그 아담하고 묵중하고 민첩한 것이며 학문이 넓고 생각이 깊어 진실로 복력伏櫪의 한 기마騎馬이나, 세상에 알아 주는 사람伯樂者이 없어 물외物外에 우유優游하지 못하고 문득 웃고 울부짖는 심정을 글로 지어 그 강개민을慷慨憫菀한 기분을 털어내어 모아서 한 책을 만들어 『비유자문답非有子問答』이라고 제명하였다.

그 신상필벌과 수람인물과 우병어농寓兵於農이라는 정론政論은 경사經史에 근본하여 고금 불역不易의 요도要道이므로 선성先聖의 훈訓에 어긋남이 없으며, 그 훈농무제訓農務材 통상혜공通商惠工과 식재교양殖財教養과 같은 논설은 시무時務와 각국 공호公好의 신법에 달하여 삼권 분립의 각 설說에 묵계하는 바였다.

범연히 보면 옛날의 번잡과 범용凡冗에 가까운 것 같아 실요에 적합하지 못하나, 자세히 들여다보면 명실名實이 꽉 짜이고 강조綱條가 다 얽매여 그저 겉치례만의 문자에 비할 바 아닐 뿐만 아니라, 집법자執法者가 취해 본다면 미진일벌迷津一筏과 암실고등暗室孤燈과 같을 것이며, 또한 눈을 닦고 귀를 후비는 일조가 될 것이라고 일러 둔다. 보재 거사 이상설 씀. 때는 을미년 동짓날.[7]

일제 황무지 개척권 반대상소

이상설은 1896년 3월 25일 한성사범학교 교관을 사임하고 4월 19일 탁지부 재무관 책임관(6등)에 제수되었으나 출사하지 않았다. 이어서 궁내부 특진관에 제수되었으나 이마저도 사임하였다. 출사를 거부한 것은 혼미한 정세 때문이었던 것 같다.

을미사변 이후 일본 세력을 등에 업고 정권을 잡은 친일파 내각은 양력사용·군제개혁·단발령 실시 등 급진적인 개혁을 단행했지만, 을미사변·단발령 등으로 백성들 사이에 반일감정이 높아져 전국 각지에서 의병이 일어나는 계기가 되었다.

이처럼 어수선한 틈을 타서 이범진·이완용 등 친러파는 러시아 공사 베베르와 짜고, 신변에 위험을 느끼던 고종을 정동의 러시아 공사관으로 비밀리에 옮겼다. 이른바 아관파천이다. 고종이 김홍집·유길준 등 5대신을 역적으로 규정하여 포살 명령을 내림에 따라 김홍집·어윤중 등은 군중에 의해 포살되고, 유길준·조희연 등은 일본으로 망명했다.

이로써 친일 내각은 붕괴되고 박정양을 수반으로 하는 친러파 정부가 구성되어 조선은 러시아의 보호국과 같은 위치로 떨어졌으며, 이 기회를 이용하여 러시아는 압록강 연안과 울릉도의 산림벌채권, 경원·종성의 채광권, 월미도의 저탄소 설치권 등 각종 이권을 차지했다. 이에 자극 받은 일본과 구미열강도 동등한 권리를 요구하고 나서면서 조선은 국제열강에 발가벗긴 먹잇감의 신세가 되었다.

만주와 한반도의 지배권을 둘러싸고 러시아와 각축을 벌이던 일본이 1904년 2월 6일 러시아에 최후통첩을 발하고, 8일에는 선전포고도 없이 일본해군이 인천의 러시아 군함을 격파하면서 전쟁을 도발했다. 일본은 러·일전쟁을 일으키면서 조선을 식민지화하기 위해 2개 사단을 파견하여 용산 등 군사적 요지를 점령했다. 일본은 이런 와중에 (6월) 전국 황무지개척권을 한국 조정에 강요했다. 이 무렵 이상설은 궁내부 특진관을 사임하여서 종2품 가선대부라는 품계는 있지만 관인의 신분은 아니었다.

일본은 조선의 영토 야욕을 노골화하였다. 6월 6일에는 주한일본공사 하야시 곤스케林權助를 통해 조선 정부에 「황무지 개척권 요구계약안」을 제시했다. 전국의 토지를 일본인이 개간하는 권리와 수익권을 향후 50년간 보장하라는 내용이었다. 대신들 중에서 일본의 요구를 들어주어야 한다는 주장이 나왔다.

이상설은 6월 22일 정삼품 통정대부 박승봉과 함께 이를 반대하는 장문의 상소를 올렸다. 주요 부분을 뽑았다.

토지란 것은 국가의 근본이고 토지가 없으면 이 국가도 없을 것이며, 재물이란 것은 백성의 근본이고 재물이 없으면 이 백성도 없을 것입니다. 토지라는 이름만 있고 그 실상이 없으면 토지가 없는 것과 같고 재물의 근원은 있으나 다스릴 줄 모르면 재물이 없는 것과 같습니다.

그러므로 백성을 기르고자 한다면 먼저 그 재물을 풍부

일본의 황무지개척권요구에
대하여 그 부당성을 논박한
상소문

하게 할 것이며, 재물을 풍부하게 하려면 먼저 토지의 이
利를 다해야 할 것입니다. 그리고 재물을 나도록 하는 것이
또한 여러 가지인데, 사絲와 마麻·오곡五穀은 밭에서 나고,
옥과 금·재목은 산에서 나며, 어별魚鼈의 생산과 관개灌漑의
이익은 천택川澤과 하해河海에서 알맞게 되는 것입니다.

엎드려 보건대 수년 이래로 재원을 외국 사람에게 양여
한 것이 너무나 많습니다. 어채漁採는 일본에, 삼림은 러시아에, 철도는 미국과 일본에, 광산은 미국·일본·영국·독일에 모두 양여하여 우리의 한정이 있는 지하 재원을 저들에게 나누어 주고 있습니다. 신 등은 매양 한 번 양여 두 번 양여했다는 말을 듣고 일찍이 놀라며 원통스럽게 여기지 않을 때가 없었습니다.

국가가 본래 빈약하여 재원이 얼마 되지도 않으며, 토지는 벌써 다했는데 저들의 구함은 장차 한량이 없을 테니 자그마한 우리 한국으로서 열강의 계학溪壑같은 욕심을 능히 채워 줄 수 있겠습니까?

비록 오늘날에 자력이 넉넉지 못하고 기술도 정밀치 못하며 기계도 교巧하지 못하고 영업도 진보가 안 된다 하더라도 모름지기 삼가 지켜서 잃지 말고 후일을 기다릴 것이며, 가볍게 시행하고 너무 허가하기를 이와 같이 쉽게 할 것은 아니라고 생각됩니다.

신 등은 근래에 보관報館의 기재한 바를 인해서 듣자니, 일본 공사가 그 나라 사람인 나카모리를 위해서 산림·천택川澤·진황陳荒·원야原野의 개척 권한을 우리에게 요구하는 바 외부로부터 정부 및 궁내부에 조회한다 하오니 지금 비밀로 교섭 중이므로 허가 여부는 진실로 신 등이 미리 알 수 없는 것이오나, 참으로 이와 같다면 이것은 칼을 거꾸로

잡고 자루는 남에게 주는 것이니 만만 불가하옵니다.

말하는 자는 혹 이르기를 "오늘날 허가하는 데 두 가지로 이익이 있고 한 가지도 해로움이 없는 것이니, 먼저 그 보수를 받아서 국고를 유익하게 하는 것이 첫째 이익이고, 따라 배워서 예술을 본받는 것이 둘째 이익이며, 합동한 기한이 찬 다음에는 예전대로 되돌리는 것이니 한 가지도 해로움이 없다"고 합니다. 그러나 이러한 말을 하는 자는 나라를 파는 자입니다.

시험삼아 본다면, 약한 자가 강한 자에게 이미 주고서 능히 되돌려 받은 자를 보지 못했습니다. 처음에 요구하는 일을 능히 막지 못하고서 후일의 무한량한 요구를 어찌 능히 막을 수 있을 것이며, 또 개업할 자금을 허가하기 전에 능히 판출하지 못하면서 속환贖還할 자금을 벌써 허가한 후에 어찌 능히 판출하겠습니까?

여러 백성은 파리하게 만들면서 외국 사람은 살찌게 하고, 본국을 팔아서 딴 나라에 아첨하니 다만 국민의 죄인뿐 아니라, 또한 우리 조종祖宗과 폐하의 죄인입니다. 정부 여러 신하로서 결코 이것이 없을 것이나, 혹 정부 여러 신하에 그릇된 소견으로 의결이 있었다 하더라도 우리 성천자聖天子께서 일월日月 같이 밝으심으로써 우리 조종조祖宗朝의 큰 기업基業을 빛나게 잇고, 우리 조종조의 적자赤子를 어루만지고 보살펴서 밤낮으로 걱정하고 경계하여 날마다 번영하고 부서富庶한 방법을 강구하시니, 어찌 갑자기 재가하기를 좋아해서 여러 신하의 그릇 의결한 것을 깊이 살피지 않겠습니까?

또 옛말에 "나무가 썩은 후에 벌레가 생긴다" 하였으니 오늘날 일본 사람의 이러한 요구가 있는 것은 까닭이 없는 것이 아닙니다. 오늘날 계획을 하자면 다만 위와 아래가 힘껏 도모하는 데 있사오니 빨리 실업 학교를 넓혀서 그 씨앗을 심고 채취하는 방법을 연구하며, 용도를 줄이고 부비浮費를 절약하여 그 힘을 넉넉하게 하고, 기계를 구입하는 계책도 구하며, 백성에 편리하고 국가에 이로운 정사가 머리를 틀면 세목이 펼쳐지는 것처럼 해서 오직 날로 부지런히 실효를 거두기로 힘써야 합니다.

저 산림·천택·원야原野의 이익이 날마다 더하고 달마다 더해서 개척하기를 기필하지 않아도 저절로 개척되어 모두 우리의 소득과 향락이 된다면, 외국 사람이 비록 삼켜 먹으려 하고 손을 쓰며 하더라도 반드시 방자해 할 말이 없을 것입니다.

말이 여기에 미치자 바로 구름을 헤치고 하늘 문에 호소하고자 해도 할 수 없습니다. 가령 정부에서 반드시 제안이 없다 하더라도 성산聖算은 벌써 확실히 단안이 계실 것입니다. 신 등이 미리 이것을 위해서 염려됨이 기우와 같은 것이 있게 되온 바, 말을 않고서 만일의 걱정이 없기를 바라기보다는 차라리 말을 해서 만일의 혹 실수를 잡는 것이 나올 줄로 생각됩니다.

　감히 외람함을 피하지 않고 정성스런 마음으로 아뢰오니 엎드려 원컨대 성명聖明께서는 깊이 생각하셔서 빨리 이 소疏를 정부에 내리시고, 과연 이런 의논이 있거든 엄하게 물리쳐서 정부 여러 신하에게 경계하고, 두려움을 알게 하여 감히 못 하도록 하신다면 국가도 매우 다행하고 생민生民도 매우 다행할 것이온 바, 신 등이 간절하고 격동되는 지극한 심정을 견디지 못하여 삼가 죽음을 무릅쓰고 올려 듣기나이다.[8]

　이 상소가 알려지면서 조야의 반대 상소가 잇따르고 만민공동회를 방불케하는 보안회輔安會가 소집되는 등 일제 침략에 대한 군중대회가 연일 계속되었다. 이를 배경으로 고종은 일제의 요구를 물리칠 수 있었다. 고종이 이상설 등의 상소를 가납하였다하여 '광무가지光武嘉之'라는 말이 전한다.

의정부참찬, 을사늑약 막고자했으나

이상설은 1905년 11월 1일 다시 의정부참찬에 발탁되었다. 일제의 국권침탈이 가속화되자 정부는 그의 능력을 평가하여 다시 요직으로 불렀다. 36세의 젊은 나이였다. 보재는 국운이 경각에 치달아 가자 언제까지나 출사를 마다할 수 없었다.

눈이 밝은 분은 알겠지만 '1905년 11월 1일'은 을사늑약이 강제되기 보름여 전의 시점이다. 일제는 청·일전쟁으로 청국을, 러·일전쟁으로 러시아를 굴복시킴으로써 대륙세력을 제압했다. 그리고 영·일동맹으로 영국, 테프트·가쯔라 밀약으로 미국과 동맹을 맺어 해양세력을 끌어들여서 궁극의 목표인 한반도 식민지화에 본격적으로 나섰다.

1905년 11월 9일 서울에 도착한 이토 히로부미는 다음 날 광무황제를 알현하고 이른바 일왕의 친서를 전달했다. 이토가 전달한 친서에서 일왕은 "짐이 신임하는 추밀원 의장 정2위 대훈위 후작 이토 히로부미를 특파한다"면서 "대한제국과 일본 장래의 안녕을 절망切望하는 진실된 마음을 친히 폐하께 알리기 위하여" 이토를 특파한다고 밝혔다.

일왕은 이어 "대한제국은 불행히도 아직 국방을 완비하지 못하였고 자위의 기초 역시 굳건하지 못한 연고로, 과거 왕

왕 동아시아 전국全局의 평화를 확보하는 데 부족함이 있었다. 이는 짐과 폐하의 공통된 유감사항으로, 이로 인해 1년 전 협약을 만들어 대한제국 방위를 일본이 맡기로 하였다"고 밝혔다.

이날 이토가 광무황제에게 바친 일왕의 친서는 "대일본국 황제가 존경하고 친애하는 대한제국 황제폐하께 말씀드린다"는 서두로 시작되었다. 일왕은 '대일본국'이란 표현을 썼지 결코 '제국帝國'이란 표현을 사용하지는 않았다. 그러나 내용은 위압적이고 침략 의도를 담아 불손하기 그지없었다.

'친서'는 다시 "동아시아 장래의 불안을 근절하기 위해서 양국이 결합하고 한층 공공히 뭉치는 것이 무엇보다 중요하다"면서 "정부에 명령해 방법을 확립시켰으니 세계의 대세를 감안하고 국가 인민의 이해를 살피기 위해 짐의 진실된 충언을 경청하시라"고 반협박적인 언사로 끝을 맺었다. 이토가 다시 서울에 온다는 소식이 전해지면서 황제는 물론 조정은 전전긍긍하였다.

이토가 처음으로 서울에 온 것은 1904년 3월 17일이다. 이토는 두 번째 방한 이튿날(18일) 경복궁 함령전에서 광무황제에게 일왕의 친서를 전달하고 20일 오후 구성헌에서 황제와 태자를 두 번째로 알현했다.

이날 황제는 손수 당시 조선의 최고 훈장인 금척대훈장金

尺大勳章을 이토 가슴에 달아주었다. 황제는 이날 다과를 베풀면서 이토와 담화를 나누었다.

조선 침략의 흉계를 품고 1905년 11월 9일, 20여 개월 만에 재입경한 이토는 광무황제에게 친서를 전달한 데 이어 15일 오후 구니와케 서기관을 대동하고 다시 황제를 찾아왔다. 이토는 첫날의 알현에서 이른바 동양의 평화와 조선의 안전을 위하여 한·일 두 나라는 친선과 협조를 강화해야 한다면서, 그러기 위해서는 조선이 일본의 보호를 받는다고 해도 조선 황실의 안녕과 존엄은 보장하겠다는 허위와 기만으로 황제를 회유하였다.

이토가 서울을 방문할 때 일본 공사 하야시 곤스케와 조선 주차군 사령관 하세가와 요시이치는 일본군을 동원하여 황실 주변과 시내 요소요소에서 삼엄한 경계에 들어갔다. 일본은 물샐틈없는 준비를 갖추고 이토는 황제를 만나 이른바 '보호조약'을 요구하기에 이르렀다.

일본 정부는 「한국보호권 확립 실행에 관한 각의 결정의 건」 제6항에서 "하세가와 주한일본군사령관에게는 하야시 공사에게 필요한 원조를 제공하여 본건의 만족스런 성공을 기해야 한다는 뜻의 명령을 내릴 것"이란 결정을 내린 바 있었다. 이에 따라 이토가 서울에 도착하기 전에 이미 하세가와가 지휘하는 병력이 서울에 증파되어 주요기관을 장악하고 있었던 것이다. 이토는 정확히 15일 오후 3시 30분 구니와케 공사관 서기관을 대동하고 단독으로 황제와 만나 이미 만들어 온 을사늑약의 문건을 내놓으면서 그대로 받아들일 것을 강요했다.[9]

매국조약은 유약한 군주와 이미 일제에 포섭된 매국대신들에 의해 사전에 마련한 시나리오대로 진행되었다. "이상설은 이런 사태 속에 의정부 참찬에 취임하여 일차적으로 조약체결 저지에 힘썼다. 그 방법이란 '위로는 황제가 순사직殉社稷의 결심으로 반대하는 것이요, 이를 이어 참정대신 이하 각 대신이 순국의 결정을 내려 어떠한 사태가 닥쳐도 일제의 요구를 거절하는 것'이었다."[10] 그리하여 그는 각 대신을 찾아다니면서 조약체결이 곧 '국망'이고, 민족이 '왜적의 노예'가 되는 바를 역설하면서 순국 반대의 결의를 촉구하였다.[11]

이시영이 증언한 '늑약' 저지의 역할

국가운명이 경각에 달린 이 시기 이상설의 역할에 관해 동지였던 이시영의 증언이다.

조약이 제출된다면 그거슨 망국조약이 될지니 이거슨 우

리가 위급존망의 후秋를 당하였도다. 연측然則 우리가 급히 대책을 강구하여야 할지로다. 보재(이상설) 군이 의정부 참찬의 직을 대帶하였으니 참정대신 한규설 공과 예히 숙의하되 이등 (이토 히로부미)이 조약을 제출하고 날인을 청구할 시에는 한 참정은 견지장담하고 청음 김상공(김상헌)을 모범하야 조약서를 렬裂하고 이토를 매罵하라고 역권하고 오제吾弟 이시영이 외부교섭국장의 직을 대하였으니 외부대신 박재순은 견見하고 한 참정에게 한 동일한 언사를 권하게 하라 언言하고 계관 민영환에게 시종무관장의 직을 대하고 항상 천폐지척天陛咫尺에 재在하시니 만일 이들이 어전에 조약을 제출하거든 황제폐하께서는 어보를 물허勿許하시라고 민공에게 왕언往言하라 하였다.

보재 선생이 계정 민공을 왕견하시고 이등이 한국에 대하야 화심禍心을 포장하고 래하얏슬 것을 상담하시고 차에 대책으로 황상폐하께 주청할 것과 한 참정·박 대신에게 권언할 것을 언하시니 민공이 답하시되 여余도 한·박 2대신에게 정위 오상근 군을 밀송하야 권고코자 하노니 참찬 군도 주마가편격으로 이등의 대책을 설명하고 국사를 물오勿誤케 하라고 한·박 두 대신에게 역권하라 하시고 황제폐하에게는 여가 세세 주품하갓다 하시더라. 자에 보재 선생이 한·박 두 대신에게 이등에 대하야 여차 여차히 할 것을 극언하시니 두 대신이 연약然諾하더라. 보재 선생이 선생(이시영)을 래방하시고 언하되 민·한·박 3공에게 모의하신 것이다 여의 되었다 하니 선생이 언하되 우리가 내사來事에 대하야 신상가신愼上加愼할 것이다, 외대外大 박재순은 주무대신인 책임이 중대하도다.

오제 시영으로 하여금 박 대신에게 재방제성在傍提省케 하라 위촉하고 한 참정은 총독수상인 즉 각 국무대신에 향배여하를 찰察하야 생사동귀케 할 것을 도모하라고 보재 군은 한 참정에게 헌의하기를 망望하노라. 두 선생은 여시히 갱의하시고 이등의 동정을 주목하시더라.[12]

이상설과 이시영 등 강직한 소장 지사들의 조직적인 저지 준비로 을사늑약 체결이 쉽지 않자 이토는 각본대로 폭력수단을 동원하는 방법을 썼다.

일본은 을사늑약을 강행하기 위해 10월 하순 만주에 주둔해 있던 일본군을 조선수비대라는 명목으로 한국으로 이동시켜 서울을 비롯하여 전국 각지에 분산 배치시켰다. 특히 어전회의가 열리는 경복궁은 중무장한 일본군이 완전 포위하였고, 서울 시내 각 성문과 중요 지점도 무장군인과 헌병을 배치하여 물샐틈없는 공포·감시체제를 구축하였다.

일본이 이처럼 계엄 상태를 방불케하는 경계에 나선 것은 을사늑약을 반대하는 민중의 궐기에 대비하는 동시에 대한 제국 정부를 위협하여 조약을 강제로 성립시키기 위한 공포 분위기를 조성하기 위해서다.

광무황제와 대신들이 11월 17일 나라 운명을 판가름하는 군신회의를 연 곳은 덕수궁 수옥헌漱玉軒이었다. 이토가 중신들을 강요하여 을사늑약을 조인케 한 장소도 수옥헌이다. 수옥헌은 그 뒤 중명전重明殿으로 이름이 바뀌었다.

서울시 문화재 제53호인 중명전은 1900년 러시아 건축가가 덕수궁의 별채로 지은, 궁궐 내 최초의 서양식 벽돌 건물이다. 덕수궁에 딸린 접견소 겸 연회장으로 지어진 이 건물은 단순한 2층 벽돌집이지만 1층의 아치형 창과 2층의 서쪽 베란다가 꾸며져 있는 것이 특이했다.

중명전의 지하 1층은 광무황제 때 만들어진 러시아 공사관으로 이어지는 지하터널이 시작된 곳이고, 을사늑약이 이곳에서 조인되면서 비운의 장소로 알려졌다. 1906년 황태자(융희황제)와 윤비의 가례가 여기에서 거행되기도 하였다.

이토와 하야시는 11월 18일 밤 12시 30분경까지 대신들에게 공포 분위기를 조성하면서 조약의 체결을 강박하였다. 이렇게 해서 마침내 '을사오적'의 찬성을 받아낸 이토와 하야시는 광무황제의 윤허도 받지 않고 그들 스스로 외부인外部印을 탈취하여 조약문에 날인하였다.

엉터리로 '조인'된 문건은 조약의 명칭도 붙이지 못한 채 1905년 11월 18일 새벽 2시에 대한제국 측 외부대신 박제순과 일본 측 하야시 공사 사이에 '체결'되었다. 그러나 조인 날짜는 17일로 하였다.

황제의 윤허와 조약의 명칭도 없이, 그마저 탈취한 '외부인'을 찍어서 '조인'되었다고 하는 이른바 을사조약 또는 일한협약, 한일협약조약 등 제멋대로 불리는, 이 을사늑약은 국제법상의 적법성 여부와는 상관없이 대한제국의 외교권을 강탈하는 조약으로 통용되었다.

이상설은 대신회의의 실무를 총람하는 위치에서 중명전의 어전회의에 참석하고자 했으나 중무장한 일본군의 제지로 출입이 봉쇄되었다. 새벽 2시경 회의가 끝나고 풀려나온 한규설 참정대신과 손을 맞잡고 통곡하면서 망국은 슬퍼하였다.[13]

이같이 체결된 을사오조약에 대해 이상설의 유한遺恨에는 두 가지가 있었다고 한다. 한 가지는 그동안 그와 결사반대하기로 했던 각 대신이 막상 최후에 가서 한 사람의 자결순국자도 나타나지 않았다는 것이다. 특히 수상인 한규설마저 최후까지 부자否字만 고집하였을 뿐 순국할 기회를 잃고 일병에게 감금되어 나라를 구하는 데 큰 힘이 되지 못한 것이다. 다른 한 가지는 과감하고 충성심이 큰 충정공 민영환이

그 회의에 참석하지 않은 것이다. 후에 민영환은 이상설과의 구국약속을 지키려 했음인지 결국 자결순국하여 민중의 각성을 촉구하기에 이르렀다.[14]

고종에게 '죽음으로 비준거부하라' 상소

이상설은 국망에 처하여 울고만 있지 않았다. 즉각 행동에 나섰다. 조약은 매국 오적만이 찬성했을 뿐 황제의 비준절차가 끝나지 않았음을 알고 즉각 상소를 통해 고종이 이를 폐기할 것을 주청했다.

엎드려서 아뢰옵니다. 신이 어제 새벽 정부에서 일본과 약관을 체결하여 마침 조인까지 했다는 소식을 듣고 이르기를 천하사 다시 어찌 할 수 없구나 하고 사저에 돌아와 다만 슬피 울고 힘써 자정自靖하기를 도모하고자 상소 진정하여 면직을 바랐습니다. 이제 듣자오니 그 약관이 아직 주준奏准을 거치지 아니하였다 하오니 신의 마음에 가득 찬 위행이옵고, 국가지계國家之計로서 아직 해볼 만한 길이 틔어 있구나 하고 기뻐하였습니다.

대저 그 약관이란 인준해도 나라는 망하고 인준을 아니

해도 나라는 또한 망합니다. 이래도 망하고 저래도 망할 바에야 차라리 순사殉社의 뜻을 결정하여 단연코 거부하여 열조열종列祖列宗의 폐하께 부비付畀하신 중임을 저버리지 않는 것이 낫지 않겠습니까?

엎드려 원하옵건대 성상께옵서 빨리 전 참정대신 한규설의 소상주본所上奏本에 따라 가결에 좇은 모든 대신들을 일변장판一弁懲辦하시와 극히 방헌邦憲을 바로 잡으시고 다시 엄사척절嚴辭斥絶하시면 그나마 천하 만세에 성심聖心의 있는 바를 알게 함이 있을 것입니다. 그렇게 아니하면 신이 만번 죽음을 입어도 매국적과 같이 한 조사朝社에 서기를 원하지 않습니다.

폐하께옵서 만약 신의 말이 그르다 하옵시거든 곧 신을 베어서 제적諸賊들에 사謝하시고 신의 말이 옳다 하옵시거든 곧 제적을 베어서 국민들에게 사하시옵소서. 신의 말은 이뿐이오니 다시 더 말할 바를 모르겠나이다.[15]

이상설은 이 상소에서 일제의 강박으로 된 문건을 약관約款이라 칭하면서 "인준해도 나라는 망하고 인준을 아니해도 나라는 또한 망하니" 기왕 망할 바에는 국왕이 차라리 죽음을 택하여 저항하라고 주청한다.

지금 명색이 민주공화국의 나라에서 대통령의 발언과 정

책에 반대 발언을 하지 못한 채 받아 적기에만 급급한 박근혜 정부 국무회의 모습을 지켜보면서, 1세기 전 이상설의 용기 있는 처신은 새삼 시공을 뛰어넘는 지식인의 진면을 찾게 한다.

당시 『대한매일신보』는 이상설의 이와 같은 행동을 보도하면서 "자고로 난세를 당하여 직신直臣의 간언은 있어 왔지만 막중한 군부君父의 목숨을 끊는 순사직을 간한 신하는 그에게만 있었던 충언"[16]이라고 격찬하였다.

이상설과 그의 동지 이시영 등 청년지사들의 구국열정에도 무너져 내리는 국가의 운명은 돌이키기 어려웠다. 무엇보다 유약한 군주와 일제에 매수된 매국대신들, 그리고 체계적인 저항보다 단신으로 반대만 외친 참정대신 한규설 등의 유약한 처신으로 대한제국의 외교권이 강탈당하였다. 곧 통감부가 설치되고 국운은 '산소호흡기'로 간신히 연명되고 있었으나 그마저 남은 시간이 길지 않았다.

이상설이 기록한 '늑약의 현장'

이상설은 1907년 네덜란드 헤이그에서 열린 제2차 만국평화회의에 고종의 밀서를 갖고 정사로 임명되어, 이 회의에 제출한 「공고사控告詞」의 「부속문서」에서 '을사늑약'이 강제로 맺어진 정황을 상세히 기록했다. 일부를 소개한다.

　(11월) 17일 임林 일본대사는 모든 대신을 그들 공관으로 초치하고 다시 한 번 그들의 거부를 확인한 다음 그들이 황제 앞에서 어전회의를 개최할 것을 요청하였다. 임도 이 회의에 임석하였다. 수일 간 많은 일본 병사들과 포병대들이 서울 시가지에서 시민들을 위협하기 위하여 시위하였다.

　임 공사는 각의에 참석하여 대신들에게 재차 조약안의 수락을 설득시키려고 시도하였다. 여러 대신들은 이를 다시 거절하였다. 이 무렵 일본 병사들과 포병대는 왕궁을 3중으로 포위하고 훼손하여 궁궐 내에 침입하였다.

　잠시 후 이등과 하세가와長谷川 장군이 도착하였다. 모든 대신들이 조약안을 끝끝내 반대한다는 소식을 듣고 그들은 각의를 다시 개최할 것을 대신들에게 강요하였다. 참정대신 한규설은 "여사한 조약안을 수락하기보다는 차라리 나는 죽는 편이 낫다"고 말하면서 완강히 이를 거부하였다.

　이등은 궁내부대신 이재극을 불러 즉각 자기가 황제를 알현하겠다는 것을 폐하께 요청하러 보냈다. 그는 황제께서 병중에 계시므로 알현할 수 없다는 회답을 받았다. 이등은 "황제께서 병중이시라면 자기 자신이 폐하를 알현하려

문전까지 가겠노라"고 말하였다.

그래서 폐하는 "그를 만나는 것이 무익하며 다만 대신들과 결정할 문제"라고 말씀하시었다. 이등은 각의를 다시 시작하라는 왕명이라고 말하면서 회의실로 되돌아왔다. 그는 참사원 서기를 불러 조약문을 다시 쓰게 하였다. 참정대신 한규설, 법부대신 이하영, 탁지부대신 민영기, 외부대신 박재순이 부표를 했으나 박재순은 "조약안을 다소 수정한다면 자기는 수락할 것"이라고 투표용지 뒤에다 덧붙였다.

내부대신 이지용, 군부대신 이근택은 주한일본공사 삼포오루三浦梧樓가 민비 시해 당시인 1895년 10월 8일 밤의 비통한 장면을 환기하면서 이 사건과 같은 잔인한 만행을 재연할까 두려우므로 동료 대신에게 대국적으로 수락할 것을 권유하였다.

그리하여 이등은 각의에서 가결시킬 것을 결심하고 대신들에게 이 조약안에 찬성하고 직인을 찍을 것을 권유하면서 일본 관리들과 헌병대로 하여금 외부대신의 직인을 탈취하려 보냈다. 이등의 간청에 하등 구애되지 않던 참정대신은 한결같이 부인하고 각의실을 떠나려 하자 그때 이등은 참정대신의 손을 잡고 자기 요구의 수락을 설득시키고자 다시 한번 시도하였으나 그는 완강히 반항하면서 자리를 떠났다.

제2회 만국평화회의 때 밀사들이
휴대했던 고종의 위임장

　　이때에 병사들과 헌병대는 참정대신을 별실로 납치하였
으며, 그는 별실에서 헌병대에 포위되어 구금되었다. 이등
은 그를 만나려고 별실로 왔으며 위협과 감언이설을 번갈
아 하면서 그의 동의를 얻으려고 노력하였다.

　　그러나 아무런 성과도 없었다. 참정대신은 끝내 부인하
면서 "차라리 죽음을 택하겠다"라고 대답하였다. 이등은 노
발대발하면서 그에게 "이 조약은 당신의 동의와 직인이 없
이 체결될 것이다"라고 말하였다. 이등은 각의실로 돌아와
직인을 집어 조약문에 날인하였다.[17]

3장

벼슬을 버리고
구국운동에 나서

거듭 사직소, 벼슬 던지다

이상설은 일제에 의해 강박으로 을사늑약이 체결되자 11월 18일 더 이상 조정에 남아 있을 가치가 없다고 판단하고 곧 칭병을 이유로 사직소를 올렸다. 고종으로부터 "경은 사양하지 말고 공무집행을 계속하라"는 비지批旨를 거듭 받았으나 그때마다 다시 사직소를 멈추지 않았다.

이상설의 다섯 차례에 걸친 상소문은 『승정원일기』에 기록되었으나, 1905년 11월 19일자의 제2차 상소문과 11월 22일자의 제3차 상소문은 그 내용이 소략되었다. 남아 있는 상소문을 차례로 살펴본다. 다음은 제2차분이다.

엎드려 아뢰옵나이다. 신이 일찍 질병에 걸려 장년이 되어도 늘 건강하지 못하여 몸이 연약하고, 기혈이 자꾸만 패

議政府參贊李相卨上疏

伏以臣於昨晩政府伏閤諸大臣與日本締結約款竟至調印謂天下
事無復奈何退歸私次拊痛泣血務圖自靖兢兢
未經眷准云臣論心慰幸以謂國家之計植有可爲也夫該約准至七
不准亦云也如等公馬則無寧死云
殉社斷行牢拒不負我 列祖列
宗付畀 陛下之重也諸大臣一倂懲辦克正邦憲故大臣之韓圭卨所上奏
本旨從可決之諸大臣一倂懲辦克正邦憲更張朝臣之可爲者另行交
涉嚴辦斫絕庶幾天下萬世有以知 聖心之攸存也不然臣雖萬戮誅
戮不顧與賣國之賊並立於一朝也 陛下若以臣言爲非須斫臣而以
謝諸賊以臣言爲是須斫諸賊而以謝國民爲臣言至此不知所云

11월 19일자 상소문

하여 이로 말미암아 담비痰痹
가 때때로 답답하고, 잠자는
것이나 먹는 것이 불화하여 해
소와 천식이 간발하므로 비록
몸단속을 단단히 하여 사무를
보고자 하나 또한 하는 수 없
나이다. 이에 감히 변설을 피
하지 않고 숭엄을 모독하오니,
엎드려 비옵건대 성명聖明께
옵서 곧 신의 직임職任 반치를
특허特許하시와 신으로 하여
금 공사公私를 우행耦幸케 하
소서.[1]

다음은 제3차 상소문으로 1905년 11월 22일자로서 을사늑
약 후의 사직소이다.

상결上缺, 그 죄 다 같은지라 신이 비록 어리석고 완고하
나마 꾀가 이에 나오지 않습니다. 엎드려 비옵건대 성명께
옵서 곧 신의 참찬 벼슬을 거두어 주시옵고, 따라서 독요의
죄를 다스려 주시면 비록 죽는 날이 오히려 사는 날이 되겠

습니다. 신은 격절병영激切屛營의 지극함을 견디지 못하겠나이다.²

다음은 제4차 상소문으로 1905년 11월 24일자이다.

신은 이르기를 "이번에 맺은 조약은 맹세를 요구한 것뿐이니 이치에는 무효가 마땅하며, 사하다고 의논한 여러 간흉은 나라의 도적일 뿐이니 법에 있어서 놓아 줄 수 없다"고 합니다. 이럼으로써 신이 여러 차례 어리석은 정성을 아뢰어 윤유允兪를 입을까 하고 바랬더니 아직껏 요요蓼蓼하게 수일을 지났습니다.

폐하께서 능히 무효를 힘껏 주장하여 준절한 말씀으로 엄하게 물리쳤다는 소문을 듣지 못했고, 또 능히 천주天誅를 단행해서 여정輿情을 빠리 위로하셨다는 소문도 듣지 못했는데, 이에 도리어 나라를 파는 도적으로써 의정議政을 시행하라 명하시고 인해 신에게도 아래 반열班列에 나아가라고 권면하시오니, 신으로서는 울분한 피가 가슴에 복받치고 뜨거운 눈물이 눈가에 쏟아지는바, 죽고 모르고자 할 뿐입니다.

폐하께서 만약 그 도적을 넣어 주신다면 무엇을 애석하게 여겨서 신을 멈추어 두며, 만약 신을 멈추어 두려면 무엇을 꺼려해서 도적을 진출시키십니까? 아아, 황실皇室이 장차 낮아지고 일곱 사당이 장차 무너지며, 조종조祖宗朝에 끼친 백성이 장차 서로 남의 신하와 노예가 될 것입니다.

신도 또한 사람으로서 어찌 부끄러움을 머금고 참으면서 뻔뻔스럽게 다시 꾸짖던바, 도적과 더불어 한 마루 사이에 주선하기를 즐겨 하겠습니까? 신의 마음은 이미 결정되었고, 신의 말도 이미 다했습니다.

이후부터는 비록 열 번 소疏를 올리더라도 반드시 체사遞仕하기로 힘쓸 것인바, 공경히 죽음을 기다릴 뿐이옵니다. 엎드려 비오니 성명聖明께서는 특히 슬퍼하심을 드리워 주시옵소서.³

다음은 제5차 상소문으로 1905년 12월 8일자이다.

엎드려 아뢰옵나이다. 신이 상소 진정하여 면직을 원하옴이 이미 4차나 되었으나 은량恩諒을 입지 못하고 날마다 연소聯疏에 참석하였으나 천청天聽이 더욱 아득하여 대의를 펴지 못하매 두려움과 걱정이 절박하여 가슴이 터지는 듯, 수일비래數日比來로 꼭 실성한 것 같아서 묵은 병과 새로운 증세가 안팎으로 스며들어 가물가물한 목숨이 목하에 닥쳤는데, 직무수행을 못하면 신의 죄가 더욱 클 것이라 이에 짤막한 글로써 거듭 올리나니, 엎드려 비옵건대 성자_{聖姿}께옵서 굽어 통촉하시와 곧 신의 직책을 면하여 써 공사_{公私}를 다행케 하소서.[4]

고종은 이상설의 거듭되는 사직소를 더 이상 물리치지 못하고, 제5차 상소를 받은 후에 퇴임을 재가했다. 이상설은 이로부터 관인의 신분을 벗어나 민간의 신분으로써 항일구국 투쟁의 길에 나서게 되었다.

1895년 26세의 나이에 승정원 비서장(6등)으로 관직에 출사하여 출퇴를 거듭한 끝에 강제된 망국조약을 보고 홀연히 관직을 던졌다. 조선시대 선비의 유일한 생계수단이기도 했던 관직을 버리고 험한 투사의 길로 나선 것이다.

을사늑약 파기운동 주도

관복을 벗은 이상설은 을사늑약 폐기운동을 적극적으로 전개하였다. 이 시기 유생 양반들의 상소운동, 민영환 등의 분사, 을사오적 척살 시도, 의병운동 등이 다양하게 일어났다. 좀 더 구체적으로 을사늑약 직후에 일어난 을사늑약 반대투쟁을 살펴보자.

11월 27일 최재학·이시영·전석준 등 평양청년회원 5명
을사늑약 반대하여 대안문(현 대한문) 앞에서 복합상소.

11월 28일, 전참판 홍만식 자결.

11월 30일, 시종무관장 민영환 자결. 전 좌의정 조병세,
백관을 거느리고 늑약폐기와 5적 처단 상소, 각지에서 의병
항쟁 발발.

12월 1일, 조병세 자결.

이상설의 활동은 돋보였다. 을사늑약 체결 직후 동료인 여
규형·이용직 등과 함께 조야백관과 유생들을 참여시켜 연명
상소를 준비하였다. 이를 위해 가평의 향리에 머물고 있던
원임대신 조병세를 모셔 소수疏首(상소문의 우두머리)로 삼았
다. 이에 앞서 민영환을 소수로 하여 복합상소를 올리게 한
것도 이상설이었다.

이상설은 11월 30일 민영환의 자결순국 소식을 듣고 종로
네 거리로 달려가 수많은 민중 앞에서 눈물을 흘리며 연설하
였다.

나도 국가에 충성치 못하여 나라로 하여금 이 지경에 이
르게 하였으니 만번 죽어도 마땅하다. 지금 이 조약은 지난
날의 병혁兵革과는 다른 것이다. 나라가 망하였는데도 백

성이 깨닫지 못하니 통곡하지 않을 수 없다. 조약이 한 번 이루어짐에 나라는 망하고 인종(민족)이 이를 따라 멸종하게 된 것이다. 이제 민영환이 자결한 오늘이 우리 전국민이 멸망하는 날이다. 내가 민영환 한 사람의 죽음을 위해 조상하는 것이 아니라, 바로 우리 전국민이 멸망함을 탄하여 우노라.[5]

연설을 마친 이상설은 머리를 땅바닥에 부딪히며 자진을 시도했다. 유혈이 낭자하고 인사불성이 되자 사람들이 부축하여 간신히 집으로 데려갔다. 세간에는 이상설도 민영환을 뒤따라 자결했다는 소문이 나돌았다.

『대한매일신보』의 기록이다. 현대문으로 정리하였다.

의정부참찬 이상설 씨가 대소신료와 공히 복합상소하고 재작에 평리원으로부터 출발하여 민영환의 자결 소식을 전해 듣고 종로에 도착하여 인민을 대하여 통곡 열설을 하였다. 우리 정부 대신들이 근일에 이르러 오히려 윤안순호倫安苟浩할 망상이 있는 고로 전일 사대의 습관으로 강국에 의뢰하면 자가생명을 능히 보존할 줄로 오해함이라.

현시대는 국가가 존립치 못하고 타국가 보호하에 들어가면 국가가 전복할 뿐 아니라 전국 인민이 거개 멸망하나니 우리 동포인민은 이를 깊이 생각하라. 오늘 민영환의 자결일이 즉 우리 민중의 진멸일이니 나는 민영환의 죽음을 위하여 조문하는 것이 아니라 우리 전국 인민의 진멸할 정경을 위하여 호곡하노라 하고 통곡하였다더라.[6]

매천 황현은 관직을 버리고 향리 전남 구례에 칩거하면서 한말의 국내 사정을 『매천야록』에 낱낱이 기록하였다. 이상설 관련 부분이다.

이상설의 광태

전 첨사 이상설이 비통과 울분으로 죽으려다가 죽지 못하고, 종루 거리로 나가서 뭇사람들을 향하여 통곡하며 국가가 망하게 된 원인과 나라의 신하로서 응당 죽어야 될 의리를 두루 말하였다. 그런 다음, 땅에 몸을 던지고 바위에 머리를 부딪쳐 거꾸러지니, 머리가 깨져 피가 솟았다. 정신을 잃고 깨어나지 못하니, 사람들이 떠메고 집으로 데려갔는데 한 달이 지나서야 비로소 살아났다.[7]

백범 김구는 이날 이상설의 자결미수와 연설하는 현장을 지켜보았다. 그리고 후일 중국 망명지에서 『백범일지』에 이를 적었다.

그날 민영환이 자결하였다. 그 보도를 접하고 몇몇 동지들과 같이 민영환 댁에 가서 조문을 마치고 돌아서 큰 도로에 나오는 때였다. 나이가 사십 안팎쯤 되어 보이는 어떤 한 사람이, 흰 명주저고리에 갓 망건도 없이 맨상투 바람으로 의복에 핏자국이 얼룩덜룩한 채 여러 사람의 호위를 받으며 인력거에 실려가는데, 크게 소리치며 울부짖는 것이었다. 누구냐고 물으니, 참찬 이상설인데 자살 미수에 그쳤다 한다. 그이도 나라일이 날로 잘못되어 감을 보고 의분을 못 이겨 자살하려던 것이었다.

당초 상동회의에서 다섯 내지 여섯 사람이 한 조가 몇 차례든 비록 앞사람이 죽더라도 뒷사람은 이어 계속하기로 하였으나, 상소하여 체포당한 지사들을 몇십 일 구류에만 처하고 말 정황이니 계속할 필요가 없어졌다. 아무리 급박하여도 국가흥망에 대한 절실한 각오가 적은 민중과 더불어서는 무슨 일이나 실효 있게 할 수가 없다. 바꿔 말하면 아직 민중의 애국사상이 박약한 것이다.

"7년 묵은 병에 3년 묵은 쑥을 구한다"는 격으로 때는 늦었으나마, 인민의 애국사상을 고취하여 인민으로 하여금 국가가 곧 자기 집인 줄을 깨닫고, 왜놈이 곧 자기 생명과 재산을 빼앗고 자기 자손을 노예로 삼을 줄을 분명히 깨닫도록 하는 수밖에 다른 최선책이 없다고 생각했다. 그때 모였던 동지들이 사방으로 헤어져서 애국사상을 고취하고 신교육을 실시하기로 하여, 나도 다시 황해도로 돌아와 교육에 종사하였다.[8]

해방 후 이상설 전기를 준비했던 위당 정인보는 이상설의 애국충혼을 한 편의 우국시로 엮었다.

황황한 목소리로 네거리에서 외치니 국민과 국토가 이 한 순간에 달렸다고 민영환·조병세·홍만식·이상철·김봉학은 이미 죽었다. 우린들 누가 붉은 피가 없으랴.

오호 나라망한 슬픔이여
형제자매들아 내 말을 들어보라.
사생간에 나라 망한 것은 슬프고
사생간에 가슴에 피가 끓어 오른다.

말과 울음이 서로 섞이고,
땅바닥에 뒹구니 흙이 머리카락에
가득하구나.

땅바닥에 뒹굴지 말라고 이르지 말라

나는 이 흙과 같이 죽으려는 것이니.[9]

'서전서숙' 설립 민족교육 효시

한말부터 일제강점 초기 선각자들은 개인 혹은 단체로 각급 학교를 세웠다. 우리가 왜적의 침략을 받고 국권을 상실한 것은 국민(백성)이 깨어나지 못한 까닭이란 이유였다. 해서 공사립학교가 우후죽순처럼 세워지고 각종 계몽운동과 함께 신교육이 실시되었다. 여기에는 외국 선교사들이 세운 미선계열의 학교도 일부 작용하였다.

1906년 설립 무렵의 서전서숙. 현판은 숙장이던 이상설이 쓴 것으로 보인다.

1906년 안창호·전덕기·양기탁·신채호·이회영 등이 조직한 신민회가 벌인 여러 가지 구국운동 중에서 평양에 대성학교, 정주에 오산학교를 세운 것을 필두로 전국 곳곳에 수많은 학교가 설립되었다. 이에 앞서 안중근이 을사늑약 체결 후 남포에 돈의학교를 세운 것도 '배워야 산다'는 국민적인 각성운동의 일환이었다.

이상설은 을사늑약 반대 후 자택에 은거하면서 이회영·이동녕·장유순·이시영 등과 은밀히 만나 더 이상 국내에서는 국권회복운동이 어렵다는 점을 간파하고 해외 망명을 결심했다. 1906년 (음) 4월 18일 이동녕·정순만 등 동지들과 망명길을 떠나 상하이를 거쳐 러시아 블라디보스토크로 갔다. 이상설은 블라디보스토크에서 다시 연추煙秋를 방문하여 의병항쟁을 추진하던 전 간도관리사 이범윤을 만나고 블라디보스토크로 돌아와서 황달영·김우용·홍창섭 등과 만나 함께 북간도 중에서도 한인이 많이 사는 연길현 용정으로 건너와 자리 잡았다. 1906년 8월경이다.

이상설이 서울을 떠나 만주로 망명하여 용정촌에 도착하기까지의 경위를 이관직은 『우당 이회영실기』에서 다음과 같이 기술한다.

단기 4239년 병오(1906년) 하夏 선생 이회영이 광복운동의 원대한 소지素志를 행함에는 국내에서만 행하는 것이 불리한 줄 각오하셨다. 선생은 이상설·유완무·이동녕·장유순 등 여러 선생과 심심밀의하시고 광복운동을 만주에 전개키로 하고 만주택지滿洲擇地와 도만인물渡滿人物을 논할 새 북간도 용정촌은 교포가 이주하여 교육하기 최미最美하고 노령이 북통北通하여 외교가 편리하고 내지가 일위수一葦水를 격하여 왕래가 역호亦好하니 택지는 용정촌으로 정하나 도만인물을 고르기 어렵도다.

요컨대 동지 중에 명예 지식 도량 지절 인내 등을 겸비한 인물이라야 한만인韓滿人의 모본模本이 되어서 기초를 선수善修하고 사업의 성공을 가히 기약할지로다. 보재 이상설 선생이 개연히 말씀하시되 수모誰某를 막론하고 인정상에 이친척離親戚 기분묘棄墳墓하고 황막새방荒漠塞方에 고주고로孤住苦勞하는 것이 또한 어렵지마는 조국과 민족이 중대한지라 이제 이험夷險을 어찌 선택하리오. 내가 불민하나 만주에 나아가 운동을 열고자 하노라 하신대 만좌제공滿座諸公이 보재 선생의 기절氣節를 다 절찬하시더라.

이에 보재 선생이 행장을 초초히 수습하시고 만주장도에 오를 새 음비이陰秘裏에서 왜적의 금망禁網을 벗어나 고국을 떠나게 되신지라, 몇몇 동지 밖에는 친척고구親戚故舊가 다 알지 못하더라. 우당 선생이 성우城隅에 서셔서 만리 절

역에 홀로 행하시는 지우志友를 원송遠送하시니 망안望眼이
욕궁欲窮에 한수漢水가 앙앙泱泱하도다.

보재 선생은 웃는 얼굴로 선생을 이별하시고 인천항에
이르러 중국인 상선에 올라 상해를 잠항潛航하여 거기서 블
라디보스토크를 경유하여 용정촌에 안착하셨다. 동 선생은
용정촌에 기주寄住하시고 이곳에 서전의숙을 설립하여 교
포자제를 교육하시며 비밀리에 선생과 기맥을 통하여 광복
소지光復素志를 펴시도다.[10]

만주는 고조선 이래 고구려와 발해의 영토로서 한민족의
고토였다. 한민족은 수천 년 동안 이 지역에 둥지를 틀고 살
아왔다. 1616년 청나라가 만주를 근거지로 건국하면서 1677
년 압록강과 두만강의 북만北滿 일대와 간도지역에 봉금령封
禁令을 내리고 조선인의 유입을 금지하였다.

이로써 한때 간도는 한인의 '잃어버린 땅'이 되었으나 조
선 후기 조선 북부지역에서 발생한 거듭된 흉년 등 자연재해
와 탐관오리들의 학정을 피해 목숨을 건 만주 이주행렬이 늘
어났다. 이주자들은 생계 수단으로 산삼 채집과 수렵생활을
하였으나 점차 인구가 늘어나면서 토지를 개간하여 쌀농사
를 짓고 정착하였다.

서간도 일대에 조선인 이주가 급증하자 1889년 조선 정부

는 조선인 집거지역에 행정구역을 설치하여 조선 정부의 관할 내로 편입시키도록 하였다.

이에 관찰사는 이 지역에 강계, 초산, 자성, 후창 등 4개군을 설치하고 이주민들의 보호와 실태 파악 등 행정 업무를 관장하였다. 이 무렵 조선 이주민 수는 8,722호에 37,000명에 달했다.

1902년 조선 정부는 서간도 조선인 집거구에 향약제鄕約制라는 조선인 자치기관을 설치하고 향약장에 의정부참찬 이용태를 임명 파견하였다. 이때 향약은 조선 중기에 실시되었던 것과는 성격상 차이가 있었다. 교민을 보호하는 오늘날의 영사관의 성격과 상부상조하는 자치단체의 성격 등이 합쳐진 반관반민의 성격을 띠고 있었던 것으로 추정된다.[11]

간도 지역의 조선인 문제는 청·일전쟁에서 청국이 패하면서 간도에서 청국 정부는 일본의 영향력을 배제하기 위해 조선인에 대한 단속을 강화하였다. 그런 속에서도 간도에 이주하는 조선인의 수는 꾸준히 늘어났다.

강점기 일제의 정보자료는 만주에 조선인의 이주 이유를 다음과 같이 분석했다.

(1) 생활의 안락- 지미地味가 풍요하고 인구가 희박한데다가 관리의 주구가 없어 생활이 극히 평안하였다. 이주

자의 대부분이 이에 속한다. 요컨대 이 부류는 생활난으로 인한 이민이었다.

(2) 정치상의 불평– 구한말로부터 병합 후에 있어서 일본의 정치에 불평을 품고 이민한 자로서 구한국 관리 및 학자 양반 등이 많다.

(3) 부랑도배– 구한국시대의 범죄자 혹은 일정한 직업을 기피한 자.

(4) 부유층– 주로 자본을 갖고 수전水田 경영을 목적으로 한 자.

(5) 친척 지기의 권유.

(6) 본국에서 일본관헌의 검거로부터 도피한 사상범·일반범.[12]

사재 털어 학교세우고 무상교육 실시

간도 이주 조선인은 특히 1905년 을사늑약 이후에는 항일 독립운동의 방략으로 이민자가 급증하였다.

1905년 을사조약 전후부터는 조선인의 간도 이주가 경제적인 면에서 뿐만 아니라 정치, 사회적인 면에서도 상당한 변화를 가져왔다. 일제에 의한 국권침탈과 경제수탈이 가중되는 상황에서 국권회복을 도모하고 일제의 탄압을 피하기 위한 정치적 망명자, 곧 항일독립운동자의 이주가 급격히 늘어났기 때문이다.

즉 일제의 한국 식민지화 정책이 가시화되는 1905년 을사조약 이후로 1910년 국치에 이르기까지 국내에서 활동하던 항일운동자들은 일제의 탄압을 피해 간도와 연해주 등지로 망명하여 새로운 활동 방향과 근거지를 모색하지 않을 수 없었다. 이와 같은 정치적 동기에서 망명 이주한 조선인들은 민족의식이 투철하고 국내에서 정치·경제·사회적으로도 비중 있는 지위를 가지고 있던 인물 상당수가 포함되어 있었다.[13]

이상설이 간도에 자리 잡고 이주 동포들을 상대로 민족교육을 시작한 것은 이와 같은 배경에서였다. 용정龍井은 북간도의 중심지이고 특히 한인이 많이 살고 있었다.

용정에 도착한 이상설은 이 지방에서 가장 큰 집인 천주교당 회장 최병익의 집을 사들여 학교 건물로 개축하였다.(옛 간도공회당 자리) 국내에서 망명할 때 가산을 정리하여 가져온 자금이었다. 건물이 완공되자 '서전서숙瑞甸書塾'이란 간판을 걸었다. '서전'이란 이 지방을 총칭하는 지명이다.

서전서숙은 1906년 이상설이 용정촌에 세운 학교이다. 학교라고 하지만 규모는 서당과 별로 차이가 없어 생도 22명을 가지고 개교하였다.

을사조약 후 이상설은 조국의 운명이 기울어가고 있음을 통탄하고 다음해 봄 동지 몇 사람과 더불어 해삼위에 망명했다가 다시 용정촌에 가서 서전서숙을 세우매 이것이 연변 한인자제 교육의 효시가 된다.[14]

처음에는 마을사람이 신교육에 이해가 없어 돌보지 않더니 이상설이 사재를 털어 학교를 경영하고 서책을 나누어주어 읽기를 권유하매 마을 사람이 비로소 기뻐 좋아했다고 당시의 신교육의 고충을 잘 설명하고 있다.

서전서숙에 참여한 인사는 이상설(서울)·이동녕(천안)·정순만(서울)·박정서(선천)·여준(서울)·김우용(평양)·황달영(평양) 등이며, 그들은 처음 종성鐘城지역에 학교를 세우려다가 지나관헌의 방해로 인하여 뜻을 이루지 못하고, 용정촌에 와서 학교를 세우게 된 것이다.

초대 숙장에 이상설이 취임하고 운영은 이동녕·정순만이 맡고, 교원은 이상설·여준·김우용·황공달 등 4인이었다. 학자는 완전히 무상이었으며 학과목은 역사·지리·수학·국제공

법·헌법 등이었다고 한다.[15]

서전서숙은 처음에 학생들을 갑·을 반으로 나누었다. 갑반은 고등반이고 을반은 초등반이며, 갑반에는 20세 전후의 청년학생들도 배웠다. 학생 수는 그 후에 늘어나 다음 해 학교 문을 닫을 무렵에는 70여 명을 헤아리게 되었다.

얼마 후 갑·을·병반으로 나누어 갑반에는 20명, 을반에는 20명, 병반에는 34명의 학생이 있었다고 한다.[16] 이들 학생 중 현재 그 성명이 전하는 사람은 갑반에 윤정희·이병징·윤규한·김정민·남세극·채우석·이한영·구자승·구정서 등이고, 을반에 김학연·박일병·오병묵·이정휘·박효선·구자익·박세호 등이고 그밖에 반을 알 수 없는 남위언 등이다.

이상설을 비롯하여 서전서숙 개설에 참여한 사람들이 직접 교단에 서서 가르쳤으며, 역사·지리·산술·국제공법·헌법 등 근대교육을 실시했다.

이상설은 갑반의 산술을 『산술신서』 상·하권을 저술하여 가르쳤으며, 황영달은 역사와 지리, 김우용은 산술, 여준은 한문·정치학·법학 등을 가르쳤다. 그러나 이 서숙에서 보다 중점을 둔 교육내용은 이같이 신학문 과목과 함께 실시하는 철두철미한 반일 민족교육이었다. 따라서 이름이 서숙이었지 실상은 독립군양성소와 다름없었다 한다.[17]

학교설립에 관여한 인사와 교원이 모두 독립운동자였고,

더욱이 숙장 이상설은 『기려수필』을 통하여서도 잘 알 수 있듯이, 열렬한 애국·애족의 지사였던 만치 생도들에게 철저한 민족주의교육을 실시하였을 것임은 췌언을 요치 않는다.

학교위원은 모든 정력을 서숙의 발전과 충실에 기울여 그들은 용정뿐만 아니라 때로는 멀리 은성·종성간도까지 교포를 두루 찾아다니며 서숙의 설립목적과 교육의 필요성을 역설하고 자제들을 취학시킬 것을 호소하기도 하였다.

규암재圭岩齋라는 서당에서 한학을 가르치던 김약연이 이에 감동하여 장래에는 신학新學이 꼭 필요하리라 생각하고 그 문하생 2명을 보내어 격려한 것은 유명한 이야기다. 뒷날 규암재가 서숙 또는 학교로 발전하여 서전서숙의 교육정신을 계승하게 된 것은 이때의 인연이 영향을 준 바 크다.[18]

서전서숙의 교사와 학생들은 행사 때이면 「서전서숙 숙가塾歌」를 부르며 동포애와 조국애를 기렸다. 소박한 듯 높은 기상이 서린 서전서숙의 숙가이다.

불함산(백두산)이 높이 있고
두만강이 둘렀는데
서전의숙(서숙) 창립하니
총준재자聰俊才子 운집이라
인일기백人一己百 공부하니

구국안민 하여보세.[19]

대한제국의 외교권을 강탈하고 서울에 통감부를 설치한 일제는 1907년 초 만주침략을 준비하면서 북간도 지방의 조선인을 보호한다는 명목으로 용정촌에 '통감부 북간도 파출소'를 설치했다. 이를 위해 통감부는 일본군 중좌 재등 계치랑齋藤季治郎과 어용학자 조전치책篠田治策을 만주로 보내 출장소 후보지를 찾고 한인들의 정세를 탐지하도록 밀파했다.

이들은 상인으로 가장하고 서전서숙을 찾아갔다. 이때는 마침 점심 때여서 이들은 더운 물과 식사장소를 빌려 달라고 청하였다. 이상설은 이때 문을 나서다가 이 말을 듣고 대꾸도 하지 않은 채 뒤도 돌아보지 않고 나가 버렸다. 이 때문에 그들 일본인들은 별 수 없이 개울가를 찾아 식사를 하고는 돌아가, 그들의 보고서에 태도가 '교만했다'고 분통을 터뜨렸다.[20]

통감부 간도파출소장의 '서전서숙' 관련 정보보고

일제는 1907년 8월 용정에 간도파출소를 개설하고 한인사회의 각종 정보를 탐지했다. 이렇게 수집된 정보는 통감부를 통해 일제 외무대신에게 전달되었는데, '서전서숙' 관련 정보도 포함되었다.

당 용정촌에 한인이 세운 학교가 있다. 서전서숙이라 상칭하고 있으며 그 설립의 경력, 설치의 목적 및 자금의 출처 등에 있어서 시국상 의심할 점이 있으므로 취조한 바 좌기 사실과 같으므로 이에 보고한다.

좌기左記

1. 서전서숙의 설립, 서전이란 당지 즉 용정촌 지방의 총칭이다. 해 서숙의 설립자는 이상설·이량(이동녕)·황달영·홍창섭·정순만 외 6명으로서 그 주창자는 이상설이다.

(명치) 39년(1906년) 5월경 이상설은 이량과 상휴하여 경성을 출발하여 상해를 거쳐 블라디보스토크에 들어왔다. 또한 별도로 동년 6월경 황달영·정순만·김동환의 3명은 시찰이라 칭하고 블라디보스토크에 이르러

동지同地에서 이상설·이량 등과 회합하고 자에 서숙
설립의 협의를 하고 7월경 5명과 함께 간도로 향하야
출발 도중 홍창섭과 출회하야 일행 6명이 용정촌에
도착하고 작년(1906년) 12월 서숙의 성립을 보기에 이
르렀다.

2, 설립의 취지, 설립의 취지는 그 발표한 바에 의하면 간
도의 지地변판문화에 뒤짐을 근심하여 이의 개설을 주
지로 한다고 말하는 것이다.

3, 중요한 직원 및 경력, 숙장 이상설은 경성 저동의 산,
본년 38세 가량으로서 전에 법부 협판을 한 사실이 있
고 불어에 통한다고 말한다. 본년 5월 숙무를 사辭하
고 블라디보스토크에 나가 평화회의에 착명하는 한황
韓皇의 밀사에 가담하였다.

이량은 충청도 회인의 산으로서 8월 중 당지를 떠났
다. 목하 김동환 1인만이 잔류하여 숙무에 종사하고
있다. 본인은 평양산으로서 조금 일본어를 통한다.

4, 자산, 이상설 1인으로서 부담한다고 말한다. 혹은 각
직원의 합자로서 이상설은 5천엔, 황달영·정순안 각 5
백엔, 김동환은 3백엔, 홍창섭은 1백엔을 각각 준비하
여 그 자금에 충당하였다고 말한다. 그리고 김동환은
자금의 출처에 대하여 전혀 각자의 자산에서 지출하

고 결코 타의 원조를 받은 것은 아니라고 진술한다.'

5. 교과목 및 생도수, 산술·습자·독서·지리·법률 등으로서 약간 중학 정도에 비교된다. 생도는 당촌 및 부근 각 촌락에서 내집하여 숙내 등에 기숙 시키어 일시 70여 명이 있을 때가 있었으나 이상설 이하 사퇴와 함께 점차 쇄미하여져 현재 생도수 겨우 20명을 지나지 않는다.

6. 시국에 대한 직원의 태도, 한황 양위의 보報 한번 당지에 이르자 교원·직원·연장생도 등은 누구나 비분하고 취중就中 정순만은 의관을 찢고 이를 땅에 던지며 강개하였다고 한다.

7. 서숙의 장래, 서숙은 숙장인 이상설을 잃었기 때문에 점차 생도가 감소되어 가고 자금 또한 결핍하고, 또 시국의 변천에 따라 장래 유지하기 어렵다고 생각하며, 근근 폐교하기로 결정하고 숙사의 매각을 바라고 있다.

이상 사실에 의하여 피등彼等이 발표한 설립 목적, 자본금의 출처 등에 대하여 다소 의문 없지 않다. 단 이상설은 당시 블라디보스톡에 있는 전 군부대신 이용익 및 상해에 있는 전 경성주재 러시아 공사 바파로프 집을 왕복한 행적이 있다는 설이 있다.

생각건대 피彼도 또한 이용익 일배의 도徒에 참여하여 금회 밀사에 참여하였다고 믿어진다. 특히 당 파출소가 위치하자 곧 자금의 결핍을 명목으로 폐교하고, 그 직원 등을 각자 귀향하려고 하는 것과 같은 상태로서 다소의 의미를 가졌다고 인정된다.

우右를 보고한다.[21]

이상설은 한민족과 연고가 깊은 북간도의 중심부 용정촌에 우국의 동지들과 함께 사비를 들여 최초의 근대적 민족교육기관 서전서숙을 세웠다. 민족교육을 통해 국권회복을 위한 애국인재를 양성하고자 해서였다.

그가 고종황제의 특사로 선정되어 만국평화회의에 참석하면서 서전서숙의 존립기간은 비록 1년여의 짧은 기간에 그치고 말았지만, 이후 용정의 명동학교를 비롯하여 만주, 노령의 수많은 민족학교와 신흥무관학교 등 각급 군관학교 설립의 정신적·이념적 모태가 되었다.

서전서숙의 옛터(용정현 동성향 태평촌)에는 지금 용정소학교가 자리 잡고 있다. 가까운 거리에 옛 일본영사관 건물이 있었다.

만주일대 독립정신의 요람

서전서숙은 비록 짧은 기간에 불과했지만 독립운동은 물론 민족문화운동에 큰 기여를 하였다. 그리고 용정촌은 이후 북만주 지역 조선족사회의 교육·사상·문화의 중심지로서 독립정신의 요람이 되었다.

서전서숙은 우선 근대학교교육으로 특징지어진다. 근대학교교육이란 근대적인 새로운 문화지식으로서 후대를 교육하는 신학교육이 낡은 『천자문』, 『4서5경』 등의 봉건윤리교육을 대체하는 것을 말한다. 서전서숙이 실시한 신교육의 내용은 내수외학론과 관계있는 것으로 자주체제를 강화하고 외국의 선진문명을 받아들이는 것이었다.

서진서숙의 이러한 특징은 우선 교과목설치에서 체현되었다. 서전서숙 교과목설치는 수학, 지리, 역사, 법학, 정치학, 한문 등이었다. 서전서숙이 이러한 교과목 설치는 완전히 낡은 서당에서의 봉건윤리교육을 대체하여 근대적인 새로운 문화지식으로서 후대를 교육하는 신학교육이었다.[22]

서전서숙의 뒤를 이어 북간도 일대에는 많은 학교가 세워졌다. 서전서숙이 뿌린 민족정신의 승계였다.

서전서숙의 뒤를 이어 세워진 양정, 명동, 창동, 정동, 길동학교의 발전과 간민교육회의 설립은 북간도 근대사립학교

교육운동을 크게 추진하였다. 이리하여 1910년대에 들어서면서 북간도 근대사립학교 교육운동은 새로운 발전기에 들어서게 되었다.

조선주재헌병대사령부에서 1910년 초부터 1912년 3월까지 북간도 지역에 설립된 학교에 대한 조사통계에 따르면 서전서숙과 명동서숙을 망라하여 40여 개소의 학교가 설립되었다고 한다.

용정소학교 구내에 세운 서전서숙 유적비

1916년 12월 조선주재 헌병대사령부에서 조사한 재만한인들이 경영하는 각 학교, 서당 일람표에 의하면 전 만주지역에 설립된 한인학교는 모두 239개소에, 학생 6,314명이었다. 그중 북간도(훈춘현과 안도현을 망라)의 학교 수는 157개소로서 총학교수의 65.7%를 차지하고 학생 수는 3,879명으로서 총 학생 수의 61.1%를 차지하였다.[23]

서전서숙은 북간도 조선족사회에 반일정신의 씨앗을 뿌렸다. 봉오동 전투와 청산리 전투를 비롯하여 각종 항일무장투쟁의 전사 중에 간도 지역 출신이 많은 것은 이 때문이다.

서전서숙의 반일교육사상을 이어 받은 1910년대에 고조되었던 조선족 근대사립학교 교육운동은 반일민족교육을 주도적 자리에 놓았다. 이리하여 서전서숙 이후에 고조된 조선족 근대사립학교 교육운동은 조선족반일운동의 발전을 크게 추진시켰고 또 반일운동의 발전은 근대사립학교 교육운동을 추진시켜 양자는 불가분리의 하나의 통일체를 이루었다.

북간도 조선족 근대사립학교 교육운동에서 서전서숙을 비롯한 여러 학교들의 창시자, 교장과 교사들인 이상설, 이동녕, 홍창섭, 이동춘, 남성우, 이병희, 오상근, 김약연, 문치정, 남위원, 김하규, 강백규, 이동휘, 김하석, 김립, 윤해, 계봉우, 장기영, 정재면 등은 모두 쟁쟁한 반일운동가들이였다.

그러므로 그들이 학교를 꾸리는 근본종지를 근대적인 민족정신으로 조선족 민중들을 교양함으로써 민족의 혼으로 일깨우며 그들에게 항일의식을 고취함으로써 반일투쟁에로 궐기시키고 반일투쟁을 진행하는 반일운동 인재를 양성하는데 두고 학교를 반일운동의 진원지로 반일사상의 양성기지와 반일운동가들의 활동장소로 꾸리기에 전력하였다.

그들이 학교를 꾸리는 근본종지는 학교의 교과목 설치에서 여실히 보여지고 있다. 서전서숙의 맥을 이었다고 할 수 있는 명동학교의 경우 반일교육을 교수의 전 과정에 일관시켰다.[24]

폐숙 후 학생·교사들 독립운동에 참여

서전서숙 출신들은 폐숙 후 각 방면에서 독립운동에 참여
하였다.

> 1년 미만의 짧은 역사 속에서 서전서숙은 민족운동을 이
> 끌어 갈 인재를 양성하는 데 성공했다고 할 수 있다.
> 서전출신들로서 독립운동에 참여한 이들의 면모를 살펴
> 보기로 하자.
> 오병묵 이병휘 남세극 구자익 박세호 최기학 김학연 윤
> 준희 등은 국가보훈처에서 간행한 해외 독립운동사료 『북
> 간도 지역 독립군단 명부』에서 그 활동을 찾아볼 수 있다.
> 이 책은 「간도지역에서의 불령선인단의 조직 및 역원 조
> 사서」라는 제목을 갖고 있는 바 북간도 한인사회의 독립
> 운동에 매진했던 인물들의 소속과 조직계통을 도표화하고
> 있다.[25]

서전서숙을 이끌었던 교사들 중에는 명동학교 등 이후 새
로 설립한 민족학교에서 독립정신을 가르쳤다.

당시 서전서숙에 근무했던 인사와 교원들은 그 주요 경력
및 활동이 밝혀진 인물만 해도 모두가 민족정신이 투철하고

반일적 성격이 강했던 독립운동가였기에 그들에게서 철저한 민족주의교육과 항일사상을 주입받은 이 학교 출신 학생들 또한 후일 교육기관 및 각지에서 그 역할을 유감없이 발휘하였다.

예컨대 이상설과 함께 서전서숙의 설립과 운영에 참여하였던 이동녕과 여운형의 오촌숙 되는 여준은 북간도 동명학교 및 서간도 지방의 대표적 민족주의 교육기관이었던 신흥강습소에서 교원으로 활약하였고, 서전서숙 갑반 출신이었던 남세극은 나철·서일·박상환 등 여러 사람들과 화룡현 삼도구 청파호에 대종교 북도 본사와 하동에 남도 본사를 세워 종교 활동에 종사하는 한편 풍락동과 청파호 등지에 실업학교를 설립하여 민족교육에도 힘썼다.

또한 을반의 김학연은 서전서숙 폐숙 이후에도 그의 종형인 김약연 등이 세운 명동학교에서 남위언과 같이 교원으로 재직하였다. 역시 을반 출신인 오병묵은 간민교육회에서 활동하였으며, 1908년에는 배일성격이 강한 것으로 유명했던 연길현 와룡동의 창동학교에서 교장을 역임하기도 하였다. 뿐만 아니라 서전서숙의 중심인물들은 국외에 독립운동기지화의 계기를 마련하여 후일 항일민족운동을 전개하는 데 큰 기여를 하였다.[26]

서전서숙이 간도 지방 조선족에 미친 영향을 중국 연변대학 교수는 다음과 같이 정리했다. 요약하였다.

첫째, 서전서숙의 창립은 연변조선족들의 항일투쟁 서막을 열어놓았다. 그 이듬해 일제가 연변에다 '조선통감부간도임시파출소'를 건립함에 따라 연변조선족들의 항일투쟁은 단지 조선국내투쟁의 연장으로부터 직접적인 저항투쟁에로 전환되었고 그 투쟁형식이 어떠하였던 지를 막론하고 일제에 대한 투쟁이 이미 시작되었음을 보여주고 있다.

둘째, 서전서숙을 발단으로 하여 진행된 연변의 사립학교설립운동은 한차례의 반일계몽교육운동으로서 대중을 새로운 이념으로 무장시켜 근대정신으로 항일투쟁에로 궐기시키는데 매우 큰 역할을 하였다. 이리하여 근대정신으로 무장된 연변의 조선족들은 민족의 독립을 위하여 무장을 들고 일제와 싸우는 성스러운 투쟁에 뛰여들었다. 이리하여 봉오동, 청산리 전투를 비롯하여 일제에게 우리 민족의 정신과 위력을 괴시하였다.

셋째, 1920년대에 전개된 공산주의자들의 항일투쟁은 비롯 서전서숙에서 창도한 근대정신과는 이념적으로 다르지만 만약 서전서숙으로 시작된 1910년대의 반일계몽교육운동이 없었다면 1920년대의 공산주의운동도 있을 수 없다. 이 시기 공산주의자들의 지도자와 중견인물들은 그 대부분

이 이전의 반일민족독립운동 가운데서의 중요한 인물들이
였고 만약 근대적인 이념의 토대가 없었다면 그 후의 새로
운 사상의 구현도 있을 수 없다.

넷째, 서전서숙으로부터 시작된 연변조선족들의 항일투
쟁은 장장 38년이란 기나긴 세월을 거쳐 1945년에 끝내 종
국적인 승리를 거두었다. 그때 창도했던 민족의 독립구상
은 중국에 있는 조선족들을 놓고 보면 새로운 역사환경에
서 자신의 위치와 힘을 찾고 진정으로 주인행세를 하는 결
실로 세인에게 알려지고 있다. 지금 연변의 조선족들은 자
신의 자치기관을 가지고 있으며 주인다운 자세로 자신들의
생활을 꾸려가고 있다.

물론 이것이 당시 서전서숙이 구상한 그 이상과는 이념
상에서 다를지라도 지금 연변의 조선족들은 100년 전에 이
상설 등 선생들이 우리 연변에다 중국에서 맨 처음으로 되
는 근대교육기관인 서전서숙을 세운 데 대해 자호감을 느
끼며 서전서숙의 정신을 잊지 않고 있다.[27]

4장

만국평화회의
특사로 선정

이회영·전덕기 헤이그특사 준비

　이상설이 북간도에서 서전서숙을 개설하여 민족교육을 실
시하고 있을 즈음 일제는 서울에 조선통감부를 설치하여 국
권을 농단하는 한편 한국인의 저항을 억누르기 위해 전국에
일본 경찰을 배치하고 의병을 닥치는 대로 학살했다.

　통감부가 설치되자 조선 주둔 일본군 사령관 하세가와 요
시미치長谷川好道가 임시통감을 맡은 데 이어 곧 이토 히로부
미가 초대 통감으로 부임하여 무단통치를 자행했다. 1906년
6월 12일 최익현·임병찬을 비롯한 의병 지도부를 전라도 순
창에서 검거하여 일본 쓰시마(대마도)로 유배하는 등 만행을
서슴지 않았다. 일제는 전국 각지에서 봉기한 의병을 무차별
학살했다.

　1907년 연초부터 국채보상운동이 일어나고 3월에는 나철

이 이끄는 오적암살단이 을사오적을 습격하는 등 구국투쟁이 전개되었다. 이같은 상황에서 전덕기 목사가 이끄는 상동교회에 애국지사들이 은밀히 모여 들었다. 이동휘·이동녕·이회영·노백린·안태국·신채호·이상재·이승훈·양기탁·남궁억·이준·최광옥 등 당대의 엘리트청년들이다.

이회영 등은 1907년 여름에 네덜란드 헤이그에서 제2회 만국평화회의가 열린다는 소식을 『대한매일신보』 주필 양기탁을 통해 자세히 알게 되었다. 만국평화회의는 1899년 5월 18일부터 동년 7월 29일까지 러시아 황제 니콜라이 2세의 주창으로 세계 26개국이 참가하여 제1회 평화회의가 개최되면서 시작되었다.

이회영과 전덕기 등은 헤이그에서 열리는 제2회 만국평화회의에 특사를 파견하여 국제사회에 일제가 무력으로 대한제국 정부를 겁박하여 외교권을 강탈했다는 사실을 알리기로 작정했다. 준비를 서둘렀다.

사안의 중대성으로 보아 이회영은 여러 사람과 상의할 성격이 아니어서 극비로 전덕기 등 몇 사람과 추진할 수밖에 없었다. 그리고 협의 대상으로 대한협회에서 일할 때 가까워져 서로 믿고 지내던 내시內侍 안호영을 통해 고종황제에게 주청하는 방법을 모색하였다. 대한협회는 1907년 서울에서 조직된 계몽단체로 통감부가 대한자강회를 강제 해산하자 이회영·권동진·남궁억·장지연·오세창 등이 국력배양을 위한 교육·산업의 발달을 내세우며 협회를 만들었다.

대한협회는 기관지로 『대한협회보』를 발행, 신채호·남궁억 등이 필진으로 참여하고, 국민의 광범위한 지지를 받아 전국에 70여 개소의 지회를 두고 수만 명의 회원을 확보하였다. 국민의 참여와 지지가 높아지면서 통감부의 탄압으로 활동이 크게 위축되었지만, 이회영은 여기서 안호영을 만나게 되었다.

당시 일제는 통감부가 황실 구석구석에 박아 놓은 친일파와 밀정을 통해 고종황제를 철저하게 감시하고 있었다. 조정의 중신들도 알현이 쉽지 않았고, 면담 내용이 속속 통감부에 보고되었다. 고종은 그야말로 구중궁궐에 유폐된 것이다.

전덕기와 이회영이 구상한 방안을 내시 안호영을 통해 황제에게 상주하고, 적합한 특사 인물을 골라 추천하였다. 특사의 정사에는 이상설, 부사는 이준과 이위종을 천거하였다. 이준은 한성재판소 검사보로서 조신들의 비행을 파헤치다 면직되고, 독립협회에 가담하여 평의장으로 활동하고 이어서 독립협회 간부로 일하다 투옥된 바 있었다.

이준은 러일전쟁 뒤 일제의 한국 침략이 노골화하자 보안회를 조직하여 황무지 개척권을 강탈하려던 일제의 기도를 저지했으며, 일진회에 대항하여 공진회를 조직, 회장에 추대되고 을사오적을 규탄하다가 유배되었다가 풀려나서 헌정연구회를 조직한 데 이어 이를 대한자강회로 발전시키는 핵심적 역할을 하였다.

이위종은 러시아 주재 한국공사 이범진의 둘째 아들로서 러시아 주재 한국공사관 참사관을 지냈다. 러시아에서 영어·불어·러시아어를 익힌 까닭에 헤이그에서 활동하기에는 적합한 인물이었다.

이회영과 전덕기는 극소수 인사들과 상의하여 특사 3명의 명단을 골라 상주하였는데, 황제는 4월 20일자로 국새와 황제의 수결手決이 찍힌 백지위임장을 미국인 측근 헐버트를 통해 보내왔다. 황제가 '백지위임장'을 보낼 만큼 만국평화회의의 특사파견은 절실한 과제였고, 한편 이회영과 전덕기가 천거한 인물들을 전적으로 신뢰한다는 뜻이었다.

헐버트는 1905년 을사늑약 뒤 황제의 특지特旨를 갖고 미국에 가서 대통령과 국무장관을 만나려 했으나 실패하고 한국으로 돌아온 전례도 있고 하여 이번 일에 누구보다도 적극적이었고, 황제의 신임장을 받아 이회영에게 전달할 수 있었다. 헐버트는 특사 3인과는 다른 경로로 헤이그에 도착하여 이들의 외교활동을 적극 도왔다.[1]

을사늑약 후 조선의 국제고립 실상

흔히 '망국군주'로 비판되는 고종은 이상설 등의 "죽음으로써 조약(을사늑약)을 거부하라"는 상소도 못들은 체 하면서 욕된 나날을 보내고 있었다.

동양에서는 군왕이 나라를 잃게 되는 경우 "임금은 사직을 지키다 죽어야 한다國君死社稷"는 것이 비록 불문율이지만 정언명제처럼 돼 있었다.

하지만 고종은 살아남았다. 그가 그나마 최후로 국가와 사직을 위하여 한 일은 을사늑약의 파기를 위해 헤이그에 특사를 파견하는 등 외교적으로 국권을 회복하려는 일련의 노력이었다.

'헤이그특사'의 배경을 이해하기 위해 을사늑약 후 조선의 국제고립을 가져온 주요 외교 관련 상황을 살펴보자.

1905년

11월 23일   루트 미국무장관, 김윤정 서리공사에게 한·일보호조약 체결로 한국의 외교권이 박탈되었으므로 주한미국공사관 철수를 훈령했다고 통보.

11월 23일   고종, 헐버트 특사를 파미, 헐버트 고종의 친서를 루트 국무장관에게 전달함. 내용은 미국의 거중조정으로 한국의 독립권 보장을 호소함. 루스벨트대통령 접수를 거부함.

11월 28일   미국공사 모건, 주한미국공사관 철수를 외부
外部에 통고함.

11월 29일   주불한국공사 민영찬이 을사조약은 일본의 강제로 늑결되었으므로 무효라는 내용의 항의문을 프랑스·러시아정부에 제출함.

11월 30일   영국공사 조던·브라운 등이 한국을 떠나 본국으로 귀국함.

12월 2일   영국정부, 주한영국공사관을 철퇴하고 총영사로 대신한다고 일본정부에 통고함.

12월 8일   주불한국공사 민영찬, 을사조약 무효를 진정하기 위해 미국워싱턴 도착함.

12월 11일   일본외무성, 한국의 수교국인 영·오·백·정말·불·독·이·미·청 등 각국에 주재하고 있는 일본공사에게 한국공사관 철수를 훈령함.

12월 12일   한국정부, 주독한국공사관 철수함.

12월 14일   한국정부, 주독·불·청·일 등 공사에게 공관 철수를 명함.

         헐버트 특사 고종으로부터 "을사조약은 강제

로 체결되었으며, 짐은 결코 서명날인한 일
이 없으므로 무효이다"라는 내용의 전문을
받아 국무성에 전달함.

12월 16일 이완용 외부대신서리, 김윤정 서리공사에게
"공사관문서 및 공사관을 포함한 재산일체를
일본공사에게 이관하라"는 훈령을 내림.

12월 21일 주불공사 민영찬, 프랑스 국무장관 면담하고
거중조정을 호소하는 고종의 밀지를 전달하
려 했는데, 국무장관 회답서를 전하면서, 선
임장 없는 특사라는 이유로 접수를 거부함.

12월 23일 주미 상항(샌프란시스코) 명예총영사의 사무
를 일본영사에 인계함.

12월 30일 일본한국유학생 30여 명 을사조약 체결에
항의, 일본외무성에 퇴학서 제출.

1906년

2월 6일 일본정부, 서울주재 러국영사 프라손의 임명
을 인가함.

3월 2일 벨기에 정부는 한국에 관한 외교사무는 주일
자국공사로 하여금 처변한다고 일본외무성
에 통보함.

4월 15일   통감 이토 히로부미, 영국인 베델을 추방하는데 대해 영국정부가 이의를 제기하지 못하도록 외교적 교섭을 할 것을 일본외무성에 건의.

5월 15일   일본정부, 경성주재 러국총영사 프란손이 휴대한 러국 황제의 위임장이 한국황제의 이름으로 되어 있다는 이유로 인가장 교부 거부함.

6월 9일   고종황제, 을사조약 철폐를 위한 각 지방의 의병활동을 중지하라는 조칙을 내림.

7월 26일   러국정부는 주한러국영사 인가장에 "러국정부는 일본이 한국의 대외관계를 완전히 감리하는 권리를 가진 것을 승인한다"는 문구를 기입하는데 동의하고 일본정부에 통고함.

9월 8일   통감부령 제34호로 한국인 외국여행권 규칙을 시행한다고 영포함.

1907년

1월 25일   통감부는 남산 왜성대에 신축한 청사로 이전함.[2]

다음으로 고종이 취한 외교활동과 을사늑약의 무효화활동
을 도표로 알아본다.

고종의 외교공작과 '을사5조약' 무효화활동[3]

시기	사자	목적	결과
1905. 10. (친서 작성) 1905.11.26 (전보)	헐버트	미국정부에 협약체결 저지 주선 의뢰, 협약 무효선언 전달	루트 미국무장관의 협력거부 회담, 묵살
1905. 11 ~1906 봄	알렌 전 주한미국공사 (콜브란·보스트 위크개발회사 변호사 엘리어트 경유)	고종의 백지친서, 협약의 불법조인 경과 전달, 미영일의 공동보호요청	알렌, 활동 중지
1905. 12. 11~19	민영찬 주불공사	루트 미국무장관과 회견, 미국정부의 주선 요청	루트 미국무장관의 협력거부 회답
1906. 1. 29. (문서작성)	스토리 『런던 트리뷴』지 기자	협약무효선언, 열강에 의한 5년간의 공동보호 희망	1906. 12.6 『런던트리뷴』지에 게재, 1907. 1. 16 『대한매일신보』에 게재

시기	사자	목적	결과
1906. 6. 22. (친서) 1907. 5. 8. (출국)	헐버트 특별위원 임명위임장	미영러프독오이백청 9개국 원수 앞의 친서로 협약무효선언 주선 요청, 헤이그 국제 재판소에 제소의사 표명	고종퇴위에 의해 중지
1907. 4. 20. (위임장)	이상설, 이준, 이위종	제2차 만국평화회의 (헤이그)에 특사파견, 협약 무효를 호소	평화회의 출석 미승인

고종의 헤이그특사 파견은 이와 같은 상황에서 은밀히 진행되었다.

이상설, 망명 전 헤이그특사 밀회

이상설은 중국으로 망명하기 전에 이회영·전덕기·이준 등과 상동교회 지하실에서 헤이그특사 파견문제를 은밀히 논의했던 것으로 전한다. 전택부(전 서울YMCA 명예총무)가 육당 최남선으로부터 들었다는 기록이다.

나아가 나는 육당과의 질의 응답을 통해 상동교회가 '헤이그 밀사사건'의 산실이었음을 알게 되었다. 1905년 을사조약 이후 이상설·이회영. 이준 등이 상동예배당 지하실에서 밀회를 가졌었다. 가끔 기독교청년회 다락방으로 자리를 피해 다니면서 밀회를 거듭했다.

그 배후에는 물론 전덕기 목사와 이상재 두 분이 있었다. 종로 청년회관에서 모일 때에는 박승봉(1871~1933)도 관여했다. 당시 그는 궁내부 차관, 즉 협판이었고, 이상설은 의정부 참찬이었으므로, 고종 황제의 재가와 어인을 찍게 하는 데 유리한 입장에 있었던 것이다.[4]

이상설의 중국망명은 '위장망명'이었다는 설이 당시에도 제기되었다. 만국평화회의에 참석하기 위해 고종황제와 밀약이 되고, 일제의 감시를 피하고자 미래 북간도로 가서 서전서숙을 열어 위장했다는 것이다. 『대한매일신보』(1907년 7월 9일치)에 따르면 "이상설은 출발 전 황제로부터 특사의 인수印綬를 받았다"고 보도했다. 또한 1910년 국치 이후 이상설이 고종을 러시아로 파천시켜 망명정부를 세우고자 했던 것과도 연관성을 찾을 수 있을 것 같다. 또 주요한의 『추정 이갑李甲』과 이상직의 『한말잡보』, 강상원의 『이보재선생약사』 초안 등에도 비슷한 내용을 담고 있다.

1907년 화란의 헤아에서 만국평화회의가 열린다는 소식이 전해지자 고종황제는 이 회의석상에서 일본의 야망을 폭로할 결심을 하고 극비리에 참찬 이상설을 해삼위에 대기시켰다. 이 소식을 알게 된 추정(이갑)은 사태의 중요성을 파악하고 동지인 도산(안창호) 및 이동휘·유동열·전덕기·이종호 등과 밀의하여 이준을 이상설과 함께 보내기로 계획하였다.

김명준(별입시別入侍)으로 하여금 고종황제께 뜻을 전하여 재가를 얻고 그해 일찌감치 이준에게 고종밀칙을 휴대하고 이상설과 동도하여 헤아로 가게 하였다.[5]

헤이그특사 파견 준비와 관련하여 결정적인 역할을 한 사람은 이회영과 전덕기 그리고 전덕기의 처이종자매가 되는 고종의 침전내인 김 상궁이었다.

헤아 평화회의가 미구 개최나 궁중을 통섭해야 황제폐하께 그 경영사를 품달할 도리가 무하더니 그 족인 이회영이 궁인 김씨 친지일새. 차의 인연으로 비밀품달하였으며 황제께서도 신임장을 서書하고자 하시니 좌우 정탐과 파금派禁이 심혹하야 수수불통일다. 연이나 원래 황제께서는 성재聖才)가 초인하심으로 미국인 헐버트에게 신임장을 비밀 서하였으며 헐버트도 한국에 동정하는 자라, 차를 상동감리교회 전덕기에게 비전하였으며, 덕기도 비밀히 이 참찬에게 전하였고….[6]

선생은 심계묘산深計妙算으로 주도면밀한 계획을 세워 왜적의 경계와 매국노들의 감시를 피하여 황실의 요로를 통해서 황제께 을사년의 거짓 조약을 철폐, 취소하고 독립 국권을 회복하기 위해서 만국평화회의에 대사를 특파할 것을 주청하였다.

고종황제께서는 이러한 뜻을 가납하시고 참찬 이상설을 대사로 파견하기로 은밀히 의결하신 후 신임장을 미국인 헐버트 박사에게 내려주셨다. 헐버트 박사는 신임장을 선생(이회영)에게 전하였고, 선생은 이상설에게 전달하였다.

이상설은 황제의 신임장을 받들고 이준, 이위종을 부사로 대동하고 장도에 올라 러시아의 수도 상트페테르부르크를 경유하여 헤이그에 갔다. 그리고 선생은 여준을 보내 이상설의 사업을 계속하게 하였으며, 이상설 밀사의 성공을 마음으로 축원하였다.[7]

앞의 두 인용문은 내용에서 다소 차이가 있다. 전자에는 황제의 위임장이 헐버트를 통해 전덕기를 거쳐 이상설에게 전달된 것으로 되어 있는데, 후자에는 이회영을 거쳐 이상설에게 전달된 것으로 되어 있다. 또 다른 기록도 있다. 이완희의 『보재 이상설 선생 전기 초』에 보이는 기술이다.

　　신임장이 밀하(密下)되어 보재 선생 손에 들어가기까지에는 여러 동지들의 노고가 많았으나 이 어려운 일을 담당한 분은 상동예배당 목사 전덕기 씨와 그의 처이종매되는 김 상궁(고종의 침전내인)의 비상한 노력의 결과라고 한다. 이 전말을 당시 이에 참여하였던 성재 이시영 선생과 상하이에서 가서 석오 이동녕 씨를 모셨던 민충식 씨가 석오 선생께 들은 바를 여기에 적어보고자 한다.
　　"김 상궁은 전 목사의 지시대로만 움직였으니 상소문을 고종께 올렸을 때는 이를 보신 후 낙루를 하시었고, 또 수일 후 상감께서 봉서를 주시며 조심하여 전하라고 하시며 혼자말로 여비는 어찌하나 하시며 한숨을 내쉬었다고 한다. 그때 밀하된 신임장은 친서(수결)과 어새 만이 찍힌 백지였다고 한다."[8]

　　종합하면, 이회영은 특사 파견의 기획단계에서 전덕기·이시영·이동녕 등과 은밀히 논의하고, 고종황제에게는 전덕기 처이종동생을 통해 전달하고, 그 과정에 헐버트의 의견과 관여가 있었던 것으로 보인다.

헤이그특사 파견 관련 일본 측의 정보보고는 다음과 같다.

> 그것은 보호 정치 반대 국서를 가지고 헤이그 만국평화
> 회의에 참석하여 제국의 통치에서 벗어나려 한 운동으로
> 음모의 수령은 박영효이다. (…) 이동녕·이시영·이회영·전
> 덕기·정순만·이상설 등이 이 책략을 건의한 인물들이고 내
> 부에서 이 준(상동 청년회 외교부장:원문대로임)·이상설 2명을
> 사절로 파견하기로 결정했으나 여비와 황제의 국서를 얻기
> 어려워 한규설에게 부탁하였지만……한규설은 궁내부 비
> 서 조남걸(황제의 이종사촌)에게 소개하고 또한 김명준의 알
> 선으로 내관 강석호와 연결하여 마침내 국서와 여비를 얻
> 었다.
> 그리고 국서가 발각될 것을 우려하여 당시 학부고문이었
> 던 미국인 헐버트에게 인도하였고, 헐버트는 이것을 가지
> 고 먼저 미국으로 건너가 샌프란시스코에서 2명의 밀사를
> 기다려 만나 서로 제휴하여 헤이그로 가기로 약조하고, 헐
> 버트는 황제로부터 내탕금 25만 원을 받아 이 음모를 원조
> 한 것이다.[9]

고종은 광무 11년(1907) 4월 20일 경운궁에서 특사들에게

114

전하는 다음과 같은 신임장을 내렸다.

한국의 자주독립은 세계 각국이 인정한 바이다. 한국은 각국과 조약을 체결하였으니 열국 회의에 사절을 파견하는 것이 도리이다. 1905년 11월 18일 일본이 외교대권을 강탈하여 우리와 열국의 우의를 단절시켰다. 일본이 공법과 인도를 어기며 기만하고 능멸한 것이 이루 다 말할 수 없다.

종이품 전 의정부참찬 이상설, 전 평리원검사 이준, 전 주러시아공사관 참사관 이위종을 화란의 헤이그 만국평화회의에 특사로 파송한다. 우리나라의 제반 고난과 사정을 회의장에서 피력하여 우리의 외교대권을 회복하고 우리와 열국과의 우의를 회복하게 하라.[10]

황제밀지 갖고 헤이그에 도착

고종은 세 특사와 함께 헐버트에게도 별도의 신임장을 주어 헤이그로 파견하였다. 고종의 외교고문 역할을 한 헐버트는 1905년 을사늑약 후 황제의 밀서를 갖고 미국에 가서 대통령과 국무장관을 만나려 했으나 실패하고 다시 돌아와 1906년 『한국평론The Korea Review』를 통해 일본의 야심과 야만을 폭로하다가 이번에 다시 밀지를 받아 헤이그로 떠나게 되었다.

　　짐은 헐버트를 미국, 영국, 프랑스, 독일, 러시아, 오스트리아, 헝가리, 이탈리아, 벨지움 및 청국 정부에 특별사절로 임명한다. 차제에 그에게 전권을 부여하여 짐과 또 대한제국의 제반관계를 위해 열거한 제국 정부에 대표케 한다. 동시에 짐은 그에게 한국의 정치현황에 관한 문서를 각국 정부에 전달케 하고 본국정부와 일본정부간에 야기된 여러 가지 문제를 헤이그 평화회의에서 현 사태의 조정을 담당하도록 특별사절의 자격을 부여한다.[11]

제2회 만국평화회의는 여러 가지 사정으로 1년 동안 순연되었다. 황제의 신임장을 지닌 이준은 1907년 4월 21일 한국을 출발, 블라디보스토크에서 대기하고 있던 이상설을 만나 합류하였다. 저간의 사정을 소상히 들어 알고 있었던 이상설은 이준과 함께 5월 21일 러시아 귀화 2세인 차⊩니콜라이의 안내를 받아 시베리아 철도편으로 러시아 수도 페테르스부르크로 출발하였다.

　6월 중순께 그곳에 도착한 그들은 전 러시아주재공사 이범진과 그의 아들 이위종을 만나 세 특사의 진용을 갖추었

헤이그에서 발행된 1907년 9월 3일자 Courrier de la Conférence에 게재된 해아밀사 3인의 모습

다. 세 사람은 전 러시아공사를 역임했던 베베르와 바파로프 등의 주선으로 러시아 외무대신과 황제를 만나 한국의 입장과 주장을 협의하고자 하였다. 이때 러시아 황제에게는 고종의 간곡한 친서까지 준비되었다.[12]

고종은 러시아 황제에게 보낸 친서에서 3명의 특사를 보내게 된 경위와 러일전쟁 직전에 자신이 대외중립을 선언했던 것을 상기하면서, 만국평화회의에서 한국 특사들을 지원해 줄 것을 요청했다.

러시아 황제에게 보낸 고종의 친서에는 다음과 같은 사항이 포함되었다고 러시아 측 자료가 밝히고 있다.

가) 대한제국 황제는 개인적으로 변함없이 러시아를 신뢰하며 러시아가 전쟁에서 승전할 것임을 확신하고 있다.

나) 광무황제는 한·러 조약 폐지에 관한 칙령이 공포되지 못하도록 최선을 다했다.

다) 칙령은 황제의 이름으로 발표했으나 황제는 동의하지 않았다.

라) 일본이 지금까지 북부철도(경의선) 관리국의 폐지를 주장하고 있으나 광무황제는 이를 승인하지 않고 있다.

마) 일본에 대한 한국인의 분노는 매일 격양되어 간다.

바) 광무황제는 비밀리에 전 국민적 항일봉기를 준비하고 있다.

사) 일본이 황무지개척권을 요구하고 있으나 광무황제는 그들이 무력으로 국가를 점령할 수는 있어도 자신은 유휴지 개간에 대한 동의는 하지 않는다.

아) 지난 4월 초에 궁정에서 방화로 추정되는 화재가 발생했으며 이는 황제가 화재로 인해 사망하기를 바라는 일본의 소행으로 판단된다.[13]

이와 같은 친서를 받은 니콜라이 2세는 "일본이 전쟁 중에

대한제국에서 체결한 모든 조약은 무효임"을 선언하고 다음
과 같은 회답친서를 보내 광무황제에게 지원을 약속하였다.

프랑스 한국주재 공사였던 퐁트네를 통해 폐하가 곤경에
처해 있다는 친서를 받았다. 짐에게 대한제국의 장래(독립)
는 전과같이 귀중하며 항상 짐은 진실한 우방국가로 대한
제국을 잊지 않고 있음을 보증한다.[14]

왼쪽 사진은 1907년 6~7월 세 밀사가 유숙하던 시절의 융스 호텔 사진. 오른쪽 사진은
현대의 융스 호텔 건물. 1907년 7월 14일 이준이 이곳에서 순국하여 1995년 8월 이준
열사를 기념하는 Yi Jun Academy Foundation으로 개수, 관련 유품을 전시하고 있다.

이상설과 이준·이위종은 일제의 감시망을 피해 6월 24·25일경 헤이그에 도착했다. 6월 15일 만국평화회의가 개최되었으므로 열흘 뒤의 일이다. 세 특사의 비용은 고종의 내탕금에서 내린 20만 원과 블라디보스토크 한인회장 김학만과 정순만 등이 교포들로부터 모금한 1만 8천 원으로 마련하였다.

헐버트는 별도로 시베리아 철도편으로 프랑스 파리를 거쳐 비슷한 날짜에 헤이그에 도착하여 세 특사와 합류하고, 이상설과 특사들은 헤이그 시내 바겐슈트라트 124번지 융스 jongs호텔에 숙소를 정했다. 그리고 호텔 정문에 태극기를 내걸고 업무를 시작했다.

5장

만국평화회의
참석을 거부 당해

을사늑약 무효 등 문건준비

제2회 만국평화회의가 1907년 6월 15일부터 헤이그의 빈 넨호프 궁에서 45개국의 대표 239명이 모인 가운데 개최되어 그해 10월 18일까지 계속되었다. 1회 때보다 19개국이 늘어났다. 당초 1906년에 열리기로 했을 때는 한국도 초청국에 포함되어 주러 한국공사 이범진을 통하여 대한제국정부에 알렸으나 회의가 1년간 순연되는 과정에서 일본과 미·영 등의 방해로 빠지게 되었다.

따라서 한국 대표는 정식 멤버에서 제외되었다. 이같은 사정을 알고 이상설은 대표단의 회의 참석을 위해 백방으로 노력했다. 평화회의의 의장은 제1회 때와 같은 러시아 수석대표 넬리포프이기에 고종의 친서를 러시아 황제에 전달하려는 등 외교적 노력을 기울였다. 하지만 러시아 정부는 일본

제2회 만국평화회의가 개최된 빈넨호프 궁. 1907년 6월 15일 각국 대표가 회집할 때의 모습

의 눈치를 보느라 황제의 면담은 물론 친서의 접수도 거절하였다.

　제2회의 회의주제는 「전쟁법규에 관한 협정」을 주의제로하여,

1, 국제중재재판소의 발전문제

2, 육전규정에 관한 문제

3, 해전규정에 관한 문제

4, 전쟁중 노획한 전리품 처리에 관한 문제 등이었다.

일본 대표들이 한국의 사절단이 헤이그에 도착하여 활동을 시작한 것을 알게 된 것은 6월 27일경이었다. "그들은 이 사실을 알고 놀라지 않을 수 없었다. 그들은 본국에 이 사실을 알리는 한편 특사들이 활동을 방해하기 시작했다."[1]

일본 대표는 그들 본국의 외무대신 및 총리대신과 서울의 통감 이토 히로부미에게 보고하고, 이들의 훈령에 따라 한국 대표들의 회의 참석과 활동을 갖은 수단과 방법으로 방해했다.

이상설은 때에 맞춰 헤이그에 도착한 헐버트는 물론 미국에 거주하던 윤구병과 송헌주를 헤이그로 불러 대표단에 합류시키는 한편 우호적인 영국의 언론인 윌리엄 스테드와 평화운동가 에르투하 스투너 여사 등의 지원으로 대표진영을 강화하였다.

이상설과 한국 대표들은 헤이그에 도착하기 전 제정 러시아의 수도 뻬쩨르부르그에서 일본의 침략과 한국의 요구 사항을 정확히 각국 대표들에게 알리기 위해 준비한 「공고사控告詞」와 이상설이 직접 지켜보았던 을사늑약이 일본의 강박에 의해 맺어지게 된 과정을 소상히 적은 장문의 「부속문서」를 불어로 인쇄하였다. "이 공고사와 부속문서는 일본의 일반적인 한국문제 선전이 허위임을 밝히는 중요한 구실을 하였다. 특히 을사오조약 체결의 경위에 관한 부분은 이상설이 경험한 실담으로서 현존하는 을사오조약기록 관계문헌 중 가장 정확하고 소상한 기록으로 평가될 수 있을 것 같다."²

「공고사」와 「부속문서」는 네덜란드 국립문서보관소에 소장되어 있다.

공고사控告詞

헤이그, 1907년 6월 27일

헤이그 만국평화회의 대표자격으로 대한제국 황제폐하에 의해 특파된 전 의정부참찬 이상설, 전 평리원검사 이준, 성 페테르스부르크 주재 대한제국공사관의 전 참사관 이위종은 우리나라 독립이 여러 나라에 의해 1884년에 보장되고 또한 승인되었음을 각국대표 여러분에게 알려 드림을 영광으로 생각합니다. 그 뿐만 아니라, 우리나라의 독립은 여러분의 나라에서 지금까지 인정하여 왔습니다.

1905년 11월 17일까지 이상설은 당시 의정부참찬으로 재

네덜란드 국립문서보관소에 소장된 공고사

임했던 까닭에 일본이 국제법을 무시하고 무력으로 우리나라에 들어와 귀국과 오늘날까지 유지되고 있는 우호적인 외교관계를 강제로 단절하고자 하였던 일본의 음모를 목도하였습니다. 그러므로 일본인이 사용한 방법과 내용을 각 국대표 여러분에게 알려드리고자 합니다.

일본인은 그들 목적을 달성하기 위하여 무력으로 위협하고 대한제국의 권리와 법률을 침해하는 데 주저하지 않았습니다. 우리는 일본인이 어떠한 방법을 사용하였나 하는 것을 여러분에게 알려드림을 혜량하시고 보다 명확한 설명을 드리기 위하여 우리의 규탄 이유를 아래 세 가지로 요약

합니다.

1. 일본인은 황제폐하의 재가 없이 을사오조약을 체결하였습니다.
2. 일본인은 자기들의 목적을 달성하기 위하여 대한제국 정부에 대하여 무력행사를 감행하였습니다.
3. 일본인들은 대한제국의 법률이나 전통을 무시하고 행동했습니다.

이상 열거한 세 가지 사실이 국제법을 침해하였는지의 여부를 대표 여러분들의 공정한 판단에 맡기겠습니다.

일본의 이러한 간교가 우리나라와 우방국가의 사이에 지금까지 유지되고 있는 우호적인 외교관계를 단절하게 하고, 항구적인 동양평화를 위협하게 되는 것을 우리들이 독립국가로서 어떻게 용납할 수 있겠습니까?

우리는 헤이그 만국평화회의 참석을 목적으로 한 황제폐하의 사절임에도 불구하고, 일본이 바로 우리나라의 권리를 침해했기 때문에 이 회의에 참석할 가능성을 박탈당한 데 대하여 심히 유감으로 생각합니다.

우리는 본국을 떠나던 날까지 일본인이 자행한 모든 방법과 범죄행위의 개요문서를 별첨합니다. 우리나라에 대하여 지극히 중대한 문제에 여러분의 우호적 배려를 바랍니다. 보충자료가 필요하시거나 또한 우리가 대한제국 황제 폐하로부터 전권을 위임받았다는 사실을 확인하고자 하신다면 알려 주시기 바랍니다. 우리는 대표 여러분에게 제반 편의를 제공하는 영광을 갖겠습니다.

대한제국과 우방국과의 외교관계 단절은 결단코 대한제국의 자의에 의한 것이 아니라 일본에게 침해侵害당한 결과라는 점에 비추어 우리가 만국평화회의에 참석하여 일본의 음모를 천하에 밝힘으로써 우리나라의 권리를 수호할 수 있도록 대표 여러분의 호의적인 중재를 간청하면서 여러분에게 공고하는 바입니다.

각국대표 여러분에게 우리는 미리 감사드리며 높은 경의를 표합니다.

이상설 이준 이위종[3]

일본·열강반대로 회의참석 못해

한국 사절단은 「공고사」와 「부속문서」를 평화회의 사무국에 접수시키는 한편 6월 30일 평화회의 의장 넬리도프를 방문하여 고종황제의 신임장을 제시하면서 회의참석을 요청하였다. 그러나 넬리도프는 네덜란드 정부의 소관이라고 발뺌을 하는 등 비협조적이었다. 사절단은 네덜란드 외상에게 면담을 요청했으나 그 역시 접견을 거부했고, 미국 대표에 대한 접견 요청도 거부당하였다. 모두 자국의 이해와 일본의 방해공작에 따른, 냉정한 국제권력정치의 소산이었다.

이상설과 이준·이위종은 6월 25일 평화회의 제1분과위원회를 직접 방문하여 한국의 외교권을 박탈하고 정부의 기능을 마비시킨 일본의 비합법성에 관한 전반적인 문제가 의제로 다루어지도록 요청했다. 그리고 고종황제의 친서를 전달하였다. 그러나 회의참석은 허가되지 않았다.

> 대한제국 황제는 글월을 화란국(네덜란드) 만국평화회의에 보내노라. 염외에 시국이 대변하여 강린強隣의 침박이 극심하여 마침내 우리의 외교권이 피탈되고 우리의 자유권을 손상함에 이르렀다. 그리하여 짐과 거국신민은 통분읍울하여 규천읍지에 무소불지하니 원컨대 문호文好의 의와 부약扶弱의 의를 수념하여 널리 각 우방에 의하여 법을 설하여 우리의 독립의 국세를 보전케하여 짐과 및 전국 신민으로 하여금 은恩을 함하여 만세에 그 덕을 송頌케 되면 이에서 더한 만행萬行이 있으랴. 균감均鑑을 통희統希하노라.[4]

사절단은 회의참석이 거부되면서 전략을 바꾸었다. 회의가 열리는 평화회의장 광장에서 기자회견을 통해 이위종이 유창한 불어로 일제의 야만적 한국 침략과 한국의 실정을 알리고 「공고사」와 「부속문서」를 배포했다.

이 문건은 만국평화회의 기관지 『평화회의보』 6월 30일자에 실리고 기자회견 내용은 7월 5일자 현지 신문에 1면 톱기사로 보도되었다. 이위종은 기자회견에서 "왜 대한제국을 제외시키는가?", "우리는 평화의 신神을 찾아 그 제단이 있다는 헤이그까지 왔노라."고 외쳤다. 그리고 대한제국과 일본의 현안에 대해 평화회의가 중재에 나설 것을 요청하였다. 이같은 내용이 현지 신문에 자세히 보도되었다.[5]

각국 신문기자단이 모인 국제협회에서의 연설이 가장 주목되는 부분이었다. 특사들은 또 7월 9일 영국의 저명한 언론인인 스테드Stead, W. T.가 주관한 각국 신문기자단의 국제협회에 참석, 발언할 기회를 얻었다. 여기서 이위종은 세계의 언론인들에게 한국의 비참한 실정을 알리고 「한국의 호소 A Plea for Korea」를 전하였다. 즉 ① 조약 강제의 내막, ② 일본의 악정 비판, ③ 한국인들의 각오가 그것이다. 이중 특히 주목된 것은 한국인들의 각오를 언급한 부분이다.

일본인들은 평화를 부르고 있으나 기관총 앞에서 사람

들이 평화로울 수 있는가. 모든 한국인을 죽이거나 일본인이 한국의 독립과 자유를 자기 손아귀에 넣을 때까지는 극동에 평화가 있을 수 없다. 한국인들은 아직 조직화되지 않았다.

그러나 일본의 무자비하고 비인도적인 침략이 종말을 고할 때까지 대항해야 한다는 마음으로 하나가 되고 있다. 일본인들은 항일정신으로 무장된 이천만 한국민을 모두 학살하는 일이 결코 유쾌하지도 쉽지도 않다는 것을 깨닫게 될 것이다.

이상과 같은 이위종의 절절한 호소는 각국 언론의 동정을 모았다. 즉석에서 한국의 처지를 동정하는 결의안을 만장일치로 의결하기까지 하였다.[6]

이상설을 정사로 하는 한국사절단의 노력에도 불구하고 미국과 영국 등 열강들의 태도는 냉담했다. 그럴만한 배경이 있었다. 일본은 영국과 러시아의 동진을 견제한다는 명목으로 1902년 영일동맹에 이어 1905년 공수동맹을 맺었다. 미국과는 1905년 러일전쟁 종전 직후 가쓰라-태프트 밀약을 통해 미국의 필리핀 지배, 일본의 한국에 대한 지배를 양해한 터였다.

러시아는 완전히 '두 얼굴'의 행태를 보였다. 평화회담 전까지는 한국을 적극 지원하다가 태도를 돌변한 것이다. 이유가 있었다. 1905년 8월 10일 미국 대통령 루즈벨트의 중재로 미국 군항도시 포스머스에서 러·일 사이에 강화회의가 열렸다. 여기서 한국에 대한 이른바 일본의 지도·보호·감리권이 인정되었다.

여타 회원 국가들은 국제열강들의 눈치를 보느라, 또 그 영향권에 있어서 극동의 작은 나라 한국의 분통한 사정을 이해하려 하지 않았다.

각국 언론 통한 장외활동

각국의 언론인들은 각별한 관심을 갖고 특사들과 인터뷰를 하거나 자료를 청하였다.

헤이그 현지에서 한국의 특사일행은 위에서 보았듯이 각국의 냉담한 반응으로 인해 궁지에 처하였다. 그러나 그와 같은 각국의 공식적인 입장과 달리 이들을 동정하고 후원한 이들이 있었다. 바로 각국의 언론인들이었다. 그중에서도 가장 중요한 역할을 한 이들이 '영국'의 언론인 스테드와 오스트리아의 스투너 여사 등이다.

이위종이 한국의 실정을 연
설하여 알린 국제협회 건물

스테드 등은 수차 특사에 관한 기사를 신문에 게재했고, 열국의 언론인과 고위 인물들이 모인 자리에서 한국의 특사가 연설할 기회를 마련하였다. 1907년 9월 3일 국제협회(Circle International: 장소는 Princessgracht6A)에서 스테드는 이 연설회의 사회자로서, 세계인은 물론, 한국의 특사와 한국민에게 전하는 개회 연설도 하였다.[7]

한국 사절단의 소식은 연일 현지 언론에 대서특필되었다. 헤이그에서 발생하던 『Haagsche Courant』지는 다음과 같이 보도하였다.

이준·이상설·이위종으로 이뤄진 한국대표단은 지난밤 프린세스그라트 6A에서 국제협회의 귀빈이 되었다. 저명한 인사들을 포함한 관심있는 많은 사람들이 Binnenhof의 평화회의에서 들을 수 없던 것, 즉 한국독립이 폭력적 파괴에 대한 한국인의 호소를 들으려고 기다리고 있었다. William T. Stead의 한국 최근 역사에 대한 간략한 언급이 있었다.

그는 네덜란드가 한국이 초청되지 않은 것에 책임은 없으나 ,이것은 단지 장애되어진 폭력의 논리적 결과라고 지적했다. 새까만 머리와 황색피부를 지니고 매우 연민적으로 보이는 젊은 사람인 이위종은 Java인과 매우 유사하게 보였으며 유럽사람들에게 그들이 잘 교육받은 일본인들을 알고 있는 것처럼 일본인의 잔학성과 무신의성無信義性을 알리고자 하였다.(…)[8]

이상설과 한국사절단은 일본의 방해와 각국의 냉담으로 회의에 참석하지 못한 채 장외활동을 통해 소기의 성과를 얻을 수밖에 없었다. 현지 언론뿐만 아니라 특파원들을 통해 미국과 유럽 각국 주요 매체에 보도되었다. 『런던타임즈』와 『뉴욕헤럴드』에도 크게 보도되어 영국과 미국 시민들의 관심을 불러일으켰다.

동지 이준 순국, 추모시 지어

그러던 중 7월 14일 돌연 이준이 사망했다.

헤이그의 이준 열사의 묘역. 1907년 9월 6일 이상설의 명의로 영구 묘지계약을 맺고 이 곳에 예장되었다가 유해를 조국으로 모셔와 서울 수유리 유택에 안장되었다.

이준은 뺨에 종기를 앓긴 하였으나, 그것이 직접적인 사인은 아니었다. 일본에 의해 자행된 폭력적인 잔인한 재앙에서 나라를 지키지 못한 근심이 분통이 되어 화가 나고 기가 막혀 음식을 끊게 되었고, 그로 말미암아 마침내 병이 생겨 갑자기 죽음에 이른 것이었다. 이준이 운명하던 날 그는 의식을 잃은 것처럼 잠들어 있었다. 그러다가 갑자기 벌떡 일어나더니 부르짖었다. "우리나라를 도와주십시오. 일본이 우리나라를 짓밟고 있습니다!" 이것이 그의 마지막 유언이었다.[9]

이준의 순국과 관련 현지 언론 『데 텔레그라프』(1907년 7월 17일치)는 "이준은 볼에 종기를 앓고 있었고 이를 수술로 제거했는데 불행하게도 이 수술의 충격으로 죽음을 맞이하게 됐다"고 보도했다.

국내에는 순국 4일 만에 『황성신문』과 『대한매일신보』가 호외로 보도하고 정식보도는 7월 19일자에 실렸다.

> 금번 해아만국평화회의에 이상설·이준·이위종 제씨 등이 참여고자 하다가 거절을 당하였다 함은 본보에 이미 게재하였거니와 다시 들은즉 그 3명 중에 이준 씨는 분격을 이기지 못하여 자기의 복부를 할부자처割剖自處하였다는 전보가 동우회同友會 중으로 도착하였다는 설이 있다더라.[10]

> 전 평리원 검사 이준 씨가 현금 만국평화회의에 한국파견원으로 전왕前往한 사事는 일세인一世人이 공화共和하는 바이거니와 작일 동경정보를 거한즉 해씨가 충분忠憤한 지기志氣를 불승不勝하여 자결하여 만국사신지전萬國使臣之前에 열혈熱血을 일쇄一灑하여 만국을 경동驚動하였다더라.[11]

이준의 순국 사인은 정확히 밝혀지지 않았다. 당시 현지의 언론보도다.

평화회의에 초청받지 못한 사실에 대해 항의를 제기했던
한국인 대표 중의 한 사람인 이준 씨가 일요일 오후 와겐스
트라트에 있는 그의 호텔방에서 돌연히 사망하였다. 그는
뺨에 종양이 있었는데 수술에 의해 제거되었었다. 수술은
그의 죽음을 지연시켰을 뿐 결과적으로 그는 죽었다. 이미
오늘 장례식이 거행되었다.[12]

이준이 순국한 후 이상설은 더 이상 평화회의에 대한 기대
를 접고, 이위종과 구미열강을 순방하며 일본의 야만을 폭로
하고 한국의 독립을 청원하고자 헤이그를 떠났다. 하지만 낯
선 이국땅에 동지를 가매장 상태로 남겨두게 된 것을 못내
안타까워하던 두 사람은 9월 5일 다시 헤이그로 돌아왔다.

그 뒤 1907년 9월 5일 이상설·이위종이 구미열강의 순방
외교 중에, 윤병구와 이준의 사촌동생 이운을 대동하고 다
시 헤이그에 들렀다. 가묘장한 이준의 묘를 정식으로 안장하
기 위해서였다. 먼저 이상설은 102달러 75센트를 지불하고
Nieuw Eik Duinen의 영구묘지 사용 계약을 맺고, 이곳으
로 이장하였다.

비문에 이상설이 '이준李儁'이라는 이름자를 썼고, 이위종
이 영문으로 비문을 "1895년 한국 북청에서 출생하여, 1907
년 화란 공화국 헤이그에서 순절하다"라고 썼다.[13]

이상설은 애국동지를 이역에 묻고 나서 다음의 시를 지어
이준 열사의 충혼을 기렸다.

고고한 충골은 하늘을 푸르게 갈아내는데
큰 화가 거연히 눈앞에 떨어져
나랏일은 아직 이루지 못하고 그대 먼저 죽으니
이 사람 혼자 남아 흐르는 눈물이 배안을 가득 채우는 구나.

峻嶒忠骨碧磨天   준증충골벽마천
大禍居然落眼前   대화거연락안전
國事未成君己死   국사미성군기사
獨生此漢淚盈舶   독생차한루영박[14]

6장

구미순방하며
을사늑약
반대 활동

루즈벨트에 고종친서 전달 거부당해

이상설은 헤이그에서 일본과 열강들의 방해로 사행使行의
역할을 다하지 못한 채 1907년 7월 19일 이위종·윤병구·송
헌주 등과 함께 네덜란드를 떠나 영국에서 3일간 머문 다음
8월 1일 미국 뉴욕에 도착하였다.

특사들에게는 만국평화회의에서 성과가 없을 경우 구미
지역을 순방하면서 각국 정부와 미국 정부에 '한국이 일제로
부터 침략을 받고 있는 사실과 을사늑약의 강요, 고종황제가
이 조약을 재가하지 않았다는 사실을 알리고, 열강의 지원과
한국은 자주독립을 위해 끝까지 투쟁을 멈추지 않을 것임을
설명'하라는 사명이 주어졌다.

이상설 일행은 미국으로 출발하기 전 영국에서 다음과 같
은 내용의 기자회견을 통해 미국 방문의 의미를 밝혔다.

이상설이 미국에서 활동할 무렵 머물던 공립협회 중앙회관. 왼쪽에서 두 번째의 원건물은 샌프란시스코 대지진 때 소실되었다.

오제吾儕의 사절직무가 실패에 귀歸하얏다고 언言하지 못할 것이 오제의 대한 직무를 상금 협의 중인대 시말결말始末結末이고 아 황제폐하께서 오제를 파견하실 시에 헤아회의에만 참예 하라심이 아니라 구미각국에 편왕하야 한국이 현금 일본압박을 수受한 정형과 독립권을 결코 불사할 사事와 일본의 보호를 불수不受할 사를 일일이 설명하라신 명령을 봉하고…… 지금 오제가 미국에 선왕先往하야 일본이 한국에서 늑봉한 1905년 11월 신조약은 황상의 승낙이 호무毫無함을 설명할 터인고로 화성돈으로 즉행하야 대통령과 회견한 후에 각 도회를 일일 방문하고 미국으로 왕往하야

거사할 시에는 일반관민이 합력단체할 터이라.[1]

뉴욕에 도착한 이상설 일행은 8월 1일부터 9월 초와 1908년 2월부터 1909년 4월까지 두 차례 미국에 머물면서 한국의 독립과 미국의 지원을 줄기차게 호소하였다. 동행한 헐버트는 미국 언론인들을 상대로 을사늑약이 기만적으로 체결되었으며 일본이 한국인들의 자유와 재산을 강탈했다고, 미국인들의 관심을 촉구하는 인터뷰를 하였다.

이상설은 루즈벨트 미국 대통령을 만나 고종황제의 친서를 전달하고자 워싱턴을 방문했으나 루즈벨트는 면담을 허락하지 않았다. 이상설은 미국은 1882년(고종 19) 조선과 국교수립과 통상을 목적으로 '조미수호통상조약'을 통해 어느 일방이 제3국으로부터 침략을 받게 될 경우 공동대처한다는 점을 알고서 일제의 침략사실을 알리고 지원을 얻고자 했다. 하지만 루즈벨트는 가쓰라-태프트 밀약을 추인하는 등 이미 일본의 이익에 앞서고 있어서 이상설의 면담 요청을 거절한 것이다.

미국 정부는 냉대했으나 언론은 한국 특사들의 활동을 상세히 보도하면서 일부 신문은 이상설과 이위종을 '조선의 왕자'라고 표기하였다.

8월 1일 이상설과 이위종이 뉴욕에 도착하여 브로드웨이 센트랄 호텔의 열람실에서 조선에 대한 학대, 자신의 희망, 장래의 포부 등에 관한 견해를 발표했을 때에도, 그 다음날 『뉴욕 타임스』는 한국왕자, 사형 선고에 대해 당지에서 말하다- 이상설과 이위종, 모국에 대한 학대를 시정하기 위해 우리나라에게 협조 요청: 생명은 몰수되었다고 말하다. 일본은 그들의 암살을 노린다고 황제의 친족이 말하다- 루즈벨트와 회견을 시도할 예정이란 제목으로 보도하였다.

이 신문은 서두에서 "자신의 나라를 일본의 지배로부터 해방시키기 위해 미국의 개입을 요구하며 전 총리대신 이상설과 위종 왕자가 화이트 스타White Star로 어제 당지에 도착하였다"고 그들의 미국행 목적을 설명한 뒤, 일본에 의해 사형선고를 받은 이위종이 "이 나라로 온 인간은 죽은 자나 다름없다. 나는 그것을 알고 있는데, 습격이 지금 이뤄질지 나중에 이뤄질지는 문제가 아니다. 이것을 피할 수 없다"고 밝혔다고 전하였다.[2]

조선의 영세중립화 주장

이상설과 이위종은 미국 언론인과 각계 지도자들을 만나

일본의 한국 침략의 잔학성과 을사늑약의 불법성을 거듭 폭로하면서 1882년에 체결한 조미수호통상조약에 따라 미국이 한국의 독립을 지원해야 한다고 역설하고, "또한 극동의 영구평화를 위한 한국의 영세중립을 주장하였다."[3]고 국내신문이 보도하였다.

이상설은 "일본의 팽창정책이 한국에 대한 침략에 그치는 것이 아니고 그 목표는 태평양에서 필리핀까지 끝없이 넘겨다 볼 뿐만 아니라, 인도마저 해칠 것이라고 경고하였다."[4]고 신문이 보도하였다. 이 부분에서 이상설의 국제정세를 내다보는 깊은 안목을 살필 수 있다.

사절단의 대변인 역할을 했던 이위종도 1907년 9월 5일 헤이그에서 이준의 장례를 마치고 각국의 순방길에 오르면서 기자들에게 한국이 북유럽 국가들처럼 영세중립국가가 되기를 바란다는 요지의 발언을 하였다.

한국이 네덜란드나 스위스 같이 중립국이 되어 일본의 압제와 같은 억울한 고통 및 착취를 받지 않는 것이다. 그의 일은 이제 시작되었다. 그것은 영광스럽게 생각하는 일이며 죽기까지 한국의 독립을 위해 일할 것이다. 한국의 독립은 유럽인이 생각하듯이 꿈이 아니다.[5]

이상설이 행한 미주에서의 국권회복운동은 제국주의화된 열강들의 거대한 장벽 앞에 성공하기 어려웠다. 하지만 크로 렌스 위임스가 『헐버트전기』에서 "당시 광무황제와 헐버트 박사, 이상설·이준·이위종은 멸망하는 국가를 위하여 모두 최선의 노력을 바쳤고 더 말할 여지도 없이 훌륭한 솜씨로 수행하였다."[6]라고 평한 그대로였다.

한 연구가는 이상설의 헤이그 외교활동 이후의 활동을 다 섯 가지로 정리했다. ① 미국에서 애국동지대표자대회 참석 ② 국민회 조직과 한흥동 건설 ③ 13도의군 편성과 성명회 선언 ④ 권업회 조직 및 권업신문 발간 ⑤ 대한광복군 정부 수립 ⑥ 신한혁명당 창당 등이다. 여기서는 ①, ②의 요지를 소개한다.

① 먼저 애국동지대표자대회 참석이다. 이상설은 이위종 과 함께 1908년 2월 영국을 떠나 미국으로 갔다. 이듬 해 4월까지 머물며 그는 미국 조야에 한국독립지원에 관한 호소를 계속하면서 각지의 한국 교포를 결속시 키고, 조국독립운동의 계기를 만들고자 하였다. 이상 설은 그해 8월 11일-15일 사이 콜로라도주 덴버시에 서 개최된 애국동지대표회의 막후 역할을 한 것으로 알려진다. 이때 그는 이승만과 함께 연해주의 한인대

표로 참석하였다.

② 다음으로 국민회 조직과 한흥동 건설이다. 1909년 2
월 1일 미국에서는 국민회가 조직되었다. 미국 본토
의 공립협회와 하와이의 합성협회가 합쳐진 것이다.
총회장은 정재관이었다. 4월에 이상설은 정재관·최정
익·송중호 등과 함께 연해주로 출발하였다. 이후 블라
디보스톡으로 간 그는 이승희·김학만·정순만 등의 동
지를 규합하여 러시아령 국경지방 홍개호 남쪽 북만
주 밀산부에 한흥동을 건설하기 시작했다. 학교(한민
학교)도 세우고 민족교육을 실시하였다. 이상설은 한
흥동과 블라디보스톡을 왕래하며 자금을 모았다. 이
시기에 이상설을 만난 안중근은 그를 가장 존숭하였
으며, 일본 측 자료에는 안 의사가 이토를 총살하도록
지령했다는 기록도 있다.[7]

이상설은 1909년 2월 미국 본토에서 하와이로 건너가 재
미 한인의 독립운동 기구로 국민회를 조직하였다. 1천여 명
의 동포가 호놀룰루에 모여 국민회를 창립하면서 조국광복
운동에 헌신할 것을 다짐하였다. 실제로 국민회는 이후 재외
한민족의 중요한 독립운동 단체가 되었다. 그리고 이상설이

국민회 제1회 이사회 기념사진. 앞줄 오른쪽부터 최정익 회장, 이상설, 허재정, 정재관 총회장이고 뒷줄 오른쪽 첫 번째가 송종익

연해주에서 항일운동을 전개할 때 독립자금을 보내주었다.

국민회 조직을 성공적으로 마친 이상설은 "총회장으로 선출된 정재관을 대동하고 미국본토와 하와이 지방총회의 공동결의로 극동에서 독립운동사업을 추진하라는 중책을 맡고 미국을 떠나게 되었다."[8] 이때 이상설이 갖고 간 위임장은 다음과 같다.

위임장

우는 아령 원동 각처에 주재한 우리 동포를 규합하야 단체를 고결하며 본회의 종지를 창영하야 목적을 관철게 흡

이 현시의 극부인 바 본회원 리당李堂(이상설의 별명)은 덕망
이 고등하고 경륜이 탁월하야 나라를 근심ㅎ고 동포를 사
랑ㅎ는 열심과 셩력이 가히 우리회의 표준을 지을지라 그
럼으로 원동방면의 일데 회무를 전권 행사케 ㅎ기 위ㅎ야
본회 대표원을 추천하노니 왕ㅈ 욱ㅈㅎ야 중망을 극부할지
어다.

국민회북미디방총회당 최정익

국민회포와디방총회당 뎡원명[9]

이토와 이완용 내각, 고종 퇴위 강요

이상설이 해외에서 국권회복을 위한 힘겨운 외교활동을
벌이고 있을 즈음 국내에서는 일제가 '헤이그밀사 파견'을
빌미로 고종황제를 퇴위시키려는 음모가 공개적으로 진행되
고 있었다.

헤이그에 밀사를 보내 외교활동을 지시한 것이 을사조약
위반이라는 이유였다. 일본 외무성으로부터 헤이그의 정보
를 입수한 이토 히로부미는 즉시로 수상 이완용에게 "이 책
임은 전적으로 폐하 한 사람에게 귀속되는 일임을 선언하며
더불어 그 행위는 일본에 대해 공공연히 적의를 나타내는 것

으로 협약 위반에서 벗어날 수 없고, 때문에 일본은 한국에 대해 선전포고 할 권리가 있다"고 공갈하며 황제의 퇴위를 강요하였다.[10]

　이토의 일갈에 이미 주군主君을 바꾸어 일제의 충견이 된 이완용 내각은 고종의 퇴위에 앞장섰다. 농산공부대신 송병준은 고종에게 "이번 일의 책임은 폐하의 한 몸에 있으니 친히 도쿄로 가서 그 죄를 빌던지, 그렇지 않으면 하세가와 주둔군 사령관을 대한문 앞으로 맞이해서 면박面縛의 예를 취해야 한다. 이 양자 모두 인내할 수 없다면 결연히 일본과 싸울 수밖에 없다. 그러나 단 한번이라도 지게 되면 국가의 존망은 짐작할 수밖에 없다."[11]라고 겁박했다. 여기서 말하는 '면박의 예'란 두 손을 등 뒤로 묶고 상대를 보며 잘못을 비는 행위를 일컫는다.

　이토와 이완용 내각의 매국노들은 헤이그특사 사건을 빌미 삼아 이참에 결코 호락호락하지 않은 고종을 퇴위시키고자 위협과 공갈을 멈추지 않았다. 이토는 각급 정보를 통해 고종황제가 헤이그에 밀사를 파견하는 것을 알고 있었다고 한다. 한국병탄에 장애가 되는 그를 퇴위시키는 빌미를 삼고자 이를 방치하고, 마침내 사건 후 그물망을 조여 퇴위를 강행했다는 것이다.

　당시 고종의 강제 양위를 지켜봤던 영국의 언론인 맥켄지는 다음과 같이 기술했다.

 황제의 이런 행위는 일본 측에 대해서 그들이 오랫동안 계속 모색해 온 안성맞춤의 구실을 주게 되었다. 한국의 내각 기구는 이러한 위기를 의식하여 이미 수개월 이전에 개편되었고, 각료는 황제에 의해서 임명되지 않고 통감이 임명하도록 되어 있었다. 즉 황제는 행정상의 집행권을 박탈당하고 있었다.

 이토 공은 한국의 각료가 한낱 그의 도구에 지나지 않게 만들었다. 이제야말로 그 도구까지도 끊어 버려야 될 시기가 온 것이다. 일본 정부는 조용한 격노의 자세를 취했다. 그들은 그런 무례함을 묵인한 채 내버려 둘 수는 없었다. 그러나 어떠한 징계를 할 것인가는 밝힐 수 없다는 식으로 말했다. 1905년 11월 당시보다도 이번에는 훨씬 더 교묘하게 그 처치의 무대 구성이 이루어져 갔다.

 일본 측은 명목상으로는 황제의 양위에 대해서 아무런 간섭도 할 수는 없었다. 그러나 실제로는 한국의 각료들은 통감 밑에 모여서 회의를 열어 그들의 정책을 결정하고, 지시받은 대로 실행했다. 그들은 황제에게 가서 일본에 병탄되는 것으로부터 한국을 구하기 위해서는 황제가 그 왕관을 단념해야 된다고 요구했다. 처음에는 황제가 이를 거절

했으나 그에 대해서 각료들의 강요는 더욱더 강화되었다.

외국으로부터의 동정이나 원조의 소식은 황제에게 전혀 전해지지 않았다. 그를 둘러싼 위난을 깨달은 황제는 간단한 양위의 유언으로 각료들을 설득시키려고 했다. 즉 황제는 자기의 아들인 황태자를 임시적인 황제로 만들려고 했다.[12]

일각에서는 이토 통감이 한국대표들의 헤이그파견을 처음부터 완전히 알고 있었으며, 그가(한국) 황제 스스로 자신을 옭아맬 만큼 충분한 밧줄을 던져준다는 방침에 입각해서 그들이 출발하도록 내버려두었다는 설이 제기되어 왔다. 만약 이것이 정말로 진상이라면, 통감은 자신의 정보를 남에게 전혀 알려주지 않았다.

왜냐하면 이 나라[일본]에서 대표단에 대한 첫 소식을 접했을 때 참으로 매우 신경과민적인 감정이 나타났다가 유럽언론이 일본에 우호적인 태도를 취하였다는 보고들이 도쿄에 전해졌을 때 크게 안도의 숨을 내쉬었던 것이 확실했기 때문이다.

일본 외무차관珍田은 본인에게 일본정부가 동일한 성격을 지닌 사절단의 출발을 알고 있었으며, 또 황제가 자금을 제공했다는 증거도 갖고 있었다는 사실을 알려주었다. 그러나 이 사절단이 헤이그에 모습을 나타내자 그들은 엄청

난 경악을 금치 못하였다.[13]

이토와 매국대신들 그리고 조정의 원로대신들까지 가세하여 고종의 퇴위를 강요했다. 결국 고종은 1907년 7월 19일 조칙을 통해 황태자에게 '국사를 대리'시킨다는 조칙을 반포하기에 이르렀다. 형식은 어디까지나 국사를 대리시킨다는 조칙이었지만 일제는 이를 '양위'로 인정하고 각국에 지체 없이 이를 통고했다.

아, 짐이 열성조列聖朝의 위대한 터를 이어받아 지키기를 오늘까지 40유 4년이 된다. 여러 번 많은 재난을 당하고 이를 뜻대로 거둘 수가 없었다. 관의 인재등용에 사람을 얻지 못했기 때문이리라. 소란은 날로 극심하고 그 대처도 시기에 적절치 못한 적이 많았으며 곤란은 급속히 다가와 국민들의 고난과 국정의 위기가 오늘보다 극심했던 적은 일찍이 없었다.

우리는 두려움에 떨며 마치 살얼음을 밟는 느낌이었다. 왕의 지위에 있었던 점도 지금은 그 자세 근무에 진저리나고 지쳤으므로 역대 선조의 예절과 가르침에 따라 여기에 양위하여 재흥을 도모하기로 하였다. 짐은 지금 여기에 군국대사를 황태자로 하여금 대리하도록 명한 것이다.[14]

궐석재판 사형선고, 매천 업적시 지어

고종의 퇴위와 함께 황태자를 즉위(순종)시킨 일제는 매국 노들을 앞세워 대한제국의 마지막 숨통을 차례로 조여 갔다. 서울 시민 2,000여 명이 양위에 반대하여 시위에 나서고 민 중들이 이완용을 비롯하여 친일파들의 집에 불을 지르는 등 격렬히 저항하자 군인과 헌병을 동원하여 진압했다.

일제는 7월 24일 한일신협약(정미7조약)을 강제하고 신문 지법을 제정하여 신문발행 허가제와 신문기사의 사전검열을 제도화한데 이어, 7월 27일 의병활동을 탄압하고자 보안법 을 제정하여 집회 결사제한, 무기소지를 금지시켰다. 그리고 7월 31일에는 대한제국의 마지막 버팀목이었던 군대를 해산 했다.

이를 계기로 전국 각지에서 의병이 봉기하여 고종의 퇴위 를 반대함과 아울러 이토 히로부미와 매국노 척살운동이 전 개되었다. 이에 대해 일제는 모조리 죽이고, 모조리 불태우 고, 모조리 약탈하는 이른바 '삼광작전三光作戰'을 통해 잔혹 한 방법으로 의병을 학살하였다.

이토는 이어서 1908년 8월 통감부에 헤이그특사 3인에 대 한 궐석재판을 열도록 하여 이상설은 교살, 이위종에게는 종 신형을 선고하게 하였다.[15] 일제로부터 교살형을 선고받은 이상설은 다시는 고국에 돌아오지 못하고 러시아에서 국권 회복 투쟁에 여생을 바쳐야 했다.

매천 황현은 이상설이 1907년 고종의 특명으로 이준·이위종과 함께 네덜란드 헤이그에서 열리는 제2회 만국평화회의에 갔으나 일본과 영국 대표 등 열강들의 방해로 회의장에 들어가지 못한 사실을 신문보도로 알게 되었다.

이상설이 일제의 압력으로 대한제국 정부에서 궐석재판으로 사형이 선고된 사실을 듣고 매천은 「첨사 이상설」이란 시를 지어 그의 업적을 기렸다.

뛰어난 자제 한 개의 깃털로

빛나고 빛나도다 모두의 문장이여

목을 끌며 봉황의 아홉색깔 나오고

넓고 밝아 천하가 태평할 조짐이네

순임금의 문장이 이미 아득해져

내 마음을 슬프고 쓰리게 하였네

갑자기 천 길로 날아가고

평범한 새와 함께 날아갔네

소년이 이 작은 이가를 추천했고

재주의 예봉은 도끼 갈아 칼 만들었네

세 발 솥도 이 때를 당하여 힘썼으니

암연히 나라의 영광을 보았네

재능을 숨기고 어려움을 살펴 말했고

또한 일찍이 옥당으로 갔었네

사람이 없더니만 나의 근심 풀렸고

흘러 박혀 세상으로 나아갔도다

만사가 크게 오류가 있었지만

강물이 터지고 냇가에 다리가 없었네

나라가 위태로운데 누가 부끄러울 것인가

임금님 욕되게 한 것을 어찌 잊으리오

월다의 준마는 발굽 먼지로 끊어졌고

마부를 잃어버리고 중도에 없어졌네

큰 길 거리 모두 다 놀라 피하며

한 칼날에 가을의 찬서리 날리네

남한南漢(5대 10국의 하나) 정 대부가 있고

오랜 세월 답답하게 서로를 바라보노라

어느 시대인들 임금과 신하가 없을 것인가

어느 나라인들 흥망이 없을 것인가

어렵게 역사가로 하여금 읽게 하고

손뼉치며 치아와 뺨이 향기로워지네.[16]

7장

연해주에
독립운동의
둥지를 틀어

블라디보스토크는 항일투쟁의 전진기지

　미주에서 '미완의 외교활동'을 마친 이상설은 1909년 7월 14일 연해주沿海州의 행정수도 블라디보스토크에 도착하였다. 4월 22일 미국을 떠난 지 3개월 만의 멀고 긴 여정이었다. 국민회의 결의로서 연해주 지역의 회무會務를 총괄하는 사명을 띠고 왔다.

　'바다에 연해' 있다고 해서 연해주라 불리는 이 지역은 두만강의 하구 17km를 사이에 두고 한반도와 이웃하면서 아무르 강을 경계로 서쪽의 우수리 강과 동쪽으로 동해 연안 사이에 위치한다. 면적은 한반도의 4분의 3정도인 16만 5,900km²에 달하는 광활한 땅으로 북동방으로는 길이 1,300km의 시호테알린 산맥이 가로놓여 있다. 러시아인들은 극동 또는 원동이라 부른다.

이 지역은 원래 청국에 속했으나 1858년 청국과 러시아 사이에 체결한 아이훈조약과 1860년 베이징조약에 따라 러시아 수중으로 넘어갔다. 이후 조선과 러시아는 국경을 마주하게 되고 중국은 북태평양 연안국의 지위를 잃게 되었다.

연해주는 을사늑약과 헤이그특사를 전후하여 1914년 8월 독일·오스트리아와 영국·프랑스·러시아의 사이에 선전포고가 교환되고 제1차 세계대전으로 비화할 때까지 우리의 국외 독립운동의 중심무대가 되었다.

연해주는 부여·북옥저·고구려·발해 등 조선 고대로부터 한민족의 생활권이었다. 고구려와 발해 전성기에는 연해주 일대를 세력권으로 지배하였다. 발해 멸망을 계기로 이 지역은 거란족·여진족·몽골족·중국한족·만주족·러시아인 등으로 지배세력이 바뀌고 한민족으로서는 '고토故土'의 의미로만 남게 되었다.

발해 멸망 후 연해주에 한민족韓民族이 다시 이주하여 살게 된 것은 만주 이주의 배경과 비슷하다. 한반도 북부 지역의 연이은 흉년과 홍수·가뭄 등 자연재난 그리고 관리들의 가렴주구를 피해 이주자가 늘게 되고, 한말 국권이 침탈당하면서 독립운동의 근거지로 이곳을 찾는 사람이 많아졌다.

국권피탈을 전후하여 블라디보스토크가 독립운동의 해외 기지의 첫 손가락으로 꼽히는 이유를 1912년 현지에서 한인이 발행한 『권업신문』은 네 가지를 들었다.

    미국·중국·일본의 한인 동포 사회에 비해 인구 수가 가장 많고, 재러시아 한인들의 경제적 형편이 다소나마 윤택하며, 러시아 정부의 대한인 정책이 우호적이고, 반일운동의 전개를 위한 언론·집회의 자유가 보장되어 있다는 것이다. 그래서 "큰 뜻을 품고 개연히 고국을 이별하는 지사들은 모두 아령俄嶺에 집중하여 장래를 경영"하고 있다는 것이다.[1]

블라디보스토크 최초 한인 집단거주지인 개척리의 전경

블라디보스토크에 처음으로 한인 거주지가 형성된 것은 1893년이었다. 이곳에 집단거주지 곧 '개척리開拓里'가 형성되고 가까운 지역에 '동영東營', '들막거리', '피막동' 등의 거주지가 잇따라 생겨났다.

한인거류지가 형성되기 시작한 지 14년이 지난 1907년경에 블라디보스토크 시내에는 개척리를 필두로 해서 도합 7개의 집단 거류지가 형성됐으며, 그곳에는 994호, 1만 400명의 한인들이 거주했다. 이 중에서 약 70%는 개척리에 거주했고, 나머지 30%의 인구가 여타 6개 소규모 거류지에서 생활했다. 당시 블라디보스토크 인구수가 7만 9,699명이었음을 감안하면, 거류지 한인의 인구는 전체 도시 인구 가운데 13%에 해당하는 숫자였다.

블라디보스토크가 노령 한인의 정치 활동의 중심이 될 수 있었던 또 하나의 이유는 이곳이 한국 국내는 물론이고 노령 연해주 각처에 형성된 한인사회와 손쉽게 연락을 맺을 수 있는 통신·교통상의 요충지였다는 점이다.

당시 블라디보스토크 항구는 국제·국내 항구도시를 잇는 여러 여객선들의 기착지였다.[2]

봉밀산 일대에 신흥촌 건설

이상설이 국권회복운동의 해외 근거지로 미주 교포들의 소명을 받고 이곳에 도착했을 때는, 1908년 9월 수청水淸지방에 공립협회의 지방회가 설립된 데 이어 1909년 1월에는 해삼위에도 지회가 설립되었다. 공립협회와 국민회가 통합하여 조직이 확대되면서 미주 한인사회가 이상설과 정재관을 특파하여 이를 더욱 강화시키도록 조처한 것이다.

이상설은 미국에 체류할 때부터 연해주 한인사회의 지도자들과 긴밀히 연락을 취해 조직의 활성화와 국권회복운동의 방략 등을 논의하였다. 이런 관계로 연해주 한인사회는 이상설이 도착했을 때 성대한 환영식을 베풀었다.

연해주에는 1906년부터 최재형·이범윤을 중심으로 의병세력이 형성되어 활동 중이었고, 의암 유인석이 다수의 제자들과 함께 이곳에서 의병전쟁은 벌이고 있었다. 최재형은 일찍부터 이곳에 터를 잡아 1880년대 러시아에 귀화한 뒤자산가로 성장하여 한인사회를 이끌고, 이범윤은 1902년 간도관리사로 있다가 나라가 기울자 독립운동에 투신한 인물이다.

유인석은 국내에서 강화도조약이 체결되자 반대상소를 올렸고 1894년 김홍집 친일내각이 성립되자 의병장으로 나서

충주·제천 등지에서 일본군과 패관리 등을 죽이고 항전했으나 관군에 패해 만주로 망명했다. 고종의 소환으로 일시 귀국했다가 1898년 다시 만주로 건너가 서간도를 무대로 항일투쟁을 전개하고, 1908년 6월에 연해주로 들어왔다. 그리고 이상설과 뜻을 같이하며 국권회복 운동을 전개하였다.

유인석이 국권회복운동을 보다 활성화하는 것은 1909년 9~10월경의 일이었다. 여기에는 두 가지 중요한 계기가 있었다. 하나는 유인석이 이상설과 조우했던 사실이고, 다른 하나는 안중근의 이등박문 처단 의거이다.

유인석과 이상설의 만남은 1909년 8월(음) 이상설이 맹령孟嶺에 거주하는 유인석을 방문함으로써 이루어졌다. 유림을 대표하는 유인석과 고종황제의 특명을 받아 해외에서 국권회복운동을 주도하고 있던 이상설이 연해주에서 상봉했던 것은 상봉 사실만으로도 중요한 의미를 갖는 것이었다. 이후 유인석은 이상설과 밀접한 관계를 유지해 갔다.

이럴 즈음 안중근 의거가 일어났다. 유인석은 안 의사 의거 소식에 접하고는 '만고 최고의 의협'이라고 평가하고 국권회복운동의 새로운 전환점으로 삼고자 하였다.[3]

이상설이 블라디보스토크에 도착하여 가장 먼저 착수한 것은 한민회장 김학민과 『해조신문』의 주간 정순만 등 한인사회의 지도급 인사들과 만나 국외 독립운동의 기지를 물색하고 토지 매입을 위해 기금을 모으고 미주 한인사회에 지원을 요청하는 일이었다. 이상설은 여러 지역을 답사한 후 봉밀산을 후보지로 골랐다.

이상설은 독립운동기지 건설의 적지로 봉밀산을 선정하였다. 북만주의 밀산부密山府 관내에 있던 봉밀산은 러시아와 중국의 접경지대인 항카흐 부근에 위치해 있으며, 광활한 황무지가 펼쳐져 있던 곳이다. 이주 한인이 그 일대에 흩어져 유거留居해 있었지만, 근거지가 없고 생활기반이 부족한 관계로 정착생활을 할 수 없는 상태였다.[4]

이상설은 해외 독립운동기지로 봉밀산 일대를 선정하고 개척에 나섰다. 봉밀산에 한인 집단 거주지를 개척한 것과 관련 강상원의 『이보재선생 약사 초안』의 기록이다.

독립운동기지의 이전 거주의 이전 우수리강 및 흑룡강 양안 남북 일대로 옮길 것을 결정하고 중아中俄 양국 정부에 양해와 지원을 얻어 교포들의 이주를 장려하여 일대 독립기지를 형성하여 놓았다. (…)
이리하여 항카호 연안의 이유가伊柳街와 쾌상별 백포자快常別 白泡子의 일대에 각각 수백호를 이주 시켰으며, 다시 흑룡강과 송화강의 합류되든 양강구兩江口 서북쪽 조운현鳥雲縣 전역에 단하여 조위鳥位까지를 중심으로 수백호를 정착시켜 개간케 하였으니 조운현 올라까하 저 서북쪽 대흑하와 흑룡강 북안에 있는 노령露嶺 도시 불라고웨센스크와의 삼각형 정점에 처해 있을 뿐 아니라 남으로 송화강을 건너 만주의 전략도시 양강구兩江口를 하고 있어서 지리적 조건이 독립운동의 기지로 적한 곳이다.[5]

이상설은 봉밀산 일대의 독립운동기지 건설 사업을 성주 출신의 유학자 이승희와 함께 추진하였다. 그를 찾아가 독립운동의 방략을 말하고 동의를 얻었다. 자금은 미국의 교포들이 '태동실업주식회사'를 조직하여 모금한 5천 달러가 큰 몫을 하였다.

이상설은 이 지역을 사들이고 개척을 시작하는 일 등을 이승희와 함께 추진하였다. 이승희는 이를 위해 블라디보스토크에서 7백 리가 넘는 곳을 그해 여름부터 가을에 걸쳐 면밀히 답사하였다. 이승희는 영남 성주 출신의 선비로서 을미사변 이래 일제의 침략을 규탄하는 상소와 배일운동을 벌여온 인물이다.

그는 1907년 헤이그 사건을 계기로 성주에서 민중대회를 열어 적극적인 배일운동을 전개하였기 때문에 일경에 붙잡

봉밀산에서 이승희에게 보낸
이상설의 친필 서한 세 건

혀 곤욕을 당한 일도 있었다. 그는 이같은 배일활동 뿐 아니
라 고종 초기 영남유학자로 이름 있는 이진상의 아들로서 곽
종석과 더불어 그 학문적 체통을 이은 유학자였다.

그가 남긴 70권에 달하는 문집이 이를 증언하고 있다 하겠

다. 그는 1908년 5월에 국가의 멸망을 바라보면서 '왜의 노예'로는 살 수 없다고 결심하고 블라디보스톡으로 망명해 왔었던 것이다.[6]

이상설과 이승희는 1백여 가구의 한인을 이주시키면서 '한국을 부흥시키는 마을'(부흥동)을 개척하였다. 북간도에 세웠던 '서전서숙'과 비슷한 학교를 세워서 민족교육을 시키고 이들을 독립군으로 양성하려는 원대한 계획이었다.

한흥동 건설의 소식이 국내의 애국지사들에게 전해지면서 신민회의 주요 간부인 안창호·신채호·조성환·이종호·유동열·이동휘 등은 각기 한국을 떠나 1910년 4월 청도회의를 통해 밀산부에 10만 평을 사들여 독립운동기지를 세우려는 계획을 세웠다. 이를 추진하고자 안창호·신채호 등이 블라디보스토크로 망명하였다.

홍범도 장군도 들어와 문화계몽사업

한흥동에는 1916년 이후 여러 해 동안 홍범도 장군이 들어와 고등소학교를 설립하여 민족교육을 실시하였다. 봉밀산 일대에서 홍범도와 함께 지낸 정태의 회상기에서, 봉밀산이 독립운동과 문화계몽사업의 기초가 되었음을 파악하게 된다.

1910년 조선이 일본제국주의에 강제 합병이 된 후 조선 애국자들은 탁족할 땅이 없게 되었다. 이런 형편에서 조선 애국자들은 외국에 나가서 토지를 사고 그에 이민을 시키고 청년들을 모집하여 교양함으로써 일본에 복수하려고 하는 자들도 있었다.

이런 경향하에서 중국 길림성 봉밀산을 탐구하여 내었다. 봉밀산은 러시아와 중국의 국경에 있으며 앞에는 흥개호가 가로 놓여 있으며 북쪽은 청림이 꽉 들어섰다. 교통은 소왕령으로와 목릉현으로 가야 철도가 있다.

홍범도는 빈민 300여 호 조선사람들과 상종하게 되었는데, 그중에는 몽매한 자와 불량자들도 있고 청년 아동들은 공부 못하고 허송세월 하는 것이 그에게 불만을 더욱 일으켰다. 그리하여 지방에 있는 모모한 자들과 토의하였으니, 자기 군인 중에는 교육사업을 지도할 자격이 있는 사람이 없는 것이 딱한 일이 되었다. 이때 마침 이전 교원이며 나재거우 사관학교 출신인 정태라는 자가 홍범도가 군인을 데리고 봉밀산으로 들어갔다는 소식을 듣고 큰 희망을 품고 홍범도의 뒤를 따라 밀산으로 1916년에 들어갔다. 그러나 희망하던 바와는 딴판이었다.

홍범도는 이 기회를 놓치지 않고 정태를 교육사업에 이용하였다. 그리하여 영남 백포우자 한흥동에 고등소학교를

설립하고 또한 십리와에와 쾌상별이에 소학교를 설립하였
으며 홍범도는 한흥동 학교에 교장과 교감으로 책임을 맡
았고 삽리와의 쾌상별이 학교에는 찬성장으로 사업하였다.
(…)

조선 애국자들 중에서 안창호의 주선으로 밀산 십리와에
토지 30여 팍지를 구매하고 그 토지의 주인으로는 김성모
를 지적하였으며, 또한 이상설의 주선으로 밀산령남 백포
우즈白泡子에 토지 12팍지를 구매하고 토지주인으로는 김
학만으로 지적하였다.

그리고 조선 평안도와 함경도와 노령 연해주에서 조선
빈민들을 이주하였다. 그러나 이주된 빈민들은 토지를 개
간할 힘도 약할 뿐만 아니라 흉년이 자주 들어 생명도 근근
히 유지하여 왔다. 이때 조선 애국자들은 그를 후원할 금전
도 없었다. 이러한 형편에 홍범도는 군인을 거느리고 봉밀
산으로 들어왔다.[7]

안중근 만나 국권회복 방략논의

이상설은 봉밀산 일대에서 군사기지 설치와 교육운동을
전개하는 한편 유인석·최재형·이범윤 등 교민사회의 지도자

들과 접촉하면서 의병단체의 통합과 항일투쟁의 방략을 상의하였다. 이런 과정에서 청년 의병장 안중근과도 만나게 되었다. 우국열정에 찬 두 사람은 곧 연령을 뛰어넘어 동지 관계가 되었고 날밤을 세워 국권회복의 방략을 논의하였다.

안중근은 1907년 서울에서 군대 해산의 참상을 지켜보고 망명길에 올라 37개월 동안 북간도 지방에서 의병활동을 거쳐 블라디보스토크에 도착했다. 1908년 연추 지방에서 이범윤·김두성·엄인섭·김기중 등과 의병을 조직하고, 의군 참모중장 겸 특파독립대장이 되어 두만강을 건너 국내진공작전을 감행하고 회령 경산전투에서 중과부적으로 패퇴한다. 이런 과정에서 이상설과 자주 만나 의병전쟁 등 국권회복운동을 심도 있게 상의하였다.

안중근은 1909년 10월 26일 하얼빈 역두에서 한국 침략의 원흉 이토 히로부미를 처단하고, 일제는 뤼순감옥에서 6회의 공판 만에 사형을 선고하였다. 안중근은 옥중에서 그동안 자신이 만났거나 세평을 들어 알고 있었던 한말의 주요 인사들에 관해 단평을 남겼다. 다음은 이상설 관련 평이다.

이상설, 금년 여름 해삼위에서 비로소 만났다. 동인同人의 포부는 대단히 크다. 세계대세에 통하고 동양의 시국을 간파하고 있다. 이범윤 같은 이는 만인이 모여도 상설 한 사람에 미치지 못한다.

동인의 의병에 대한 관념은 의병이 일어남으로써 한국인
이 일본의 보호를 받는 것이 좋다고 하는 것을 이등박문이
중외에 말하고 있지만 그것이 결코 좋은 것이 아니라는 반
증으로서는 동양의 평화를 스스로 깨게될 염려가 있다고
말하고 있다. 여러 차례 만나서 그의 인물을 보니 기량이
크고 사리에 통한 대인물로서 대신大臣의 그릇됨을 잃지 않
는다.

이상설은 재사才士로서 법률에 밝고 필산筆算에 통달하
고 영·불·러·일어에 통한다. 사람은 지위에 따라 심지心持
를 달리하는 것이지만 최익현·허위 등에 비하여 용맹한 기
상은 혹 적을지 모르나 지위를 달리함으로 할 수 없는 일
이다.

세계대세에 통하고 애국심이 강하고 교육발달을 도모하
여 국가백년대계를 세우는 사람은 동인일 것이다. 또한 동
양평화주의를 갖는 데 있어서는 동인과 같이 친절한 마음
이 있는 사람은 드물다.[8]

'13도의군' 편성 국권회복 준비

일제는 안중근의 이토 처단 의거를 빌미삼아 노골적으로 한국병탄에 나섰다. 헤이그특사를 빌미로 고종의 퇴위를 강제했던 수법의 연장선이었다.

일제에 의해 제위에 오른 순종은 고종에 비해 더욱 유약한 군주였다. 내각은 모조리 친일파로 조각되고 유길준이 회장인 한성부민회는 이토 추도회를 열었으며 매국단체 일진회는 한일합방을 청원했다. 일제는 1909년 이른바 '남한대토벌작전' 이름으로 국내 의병학살작전을 전개하고, 1910년 6월에는 '경찰권 위탁각서'를 통해 일본헌병이 한국 치안을 담당하게 하여 대한제국의 마지막 숨통을 조였다.

이같은 국내 정황은 블라디보스토크의 한인 지도자들에게도 속속 전해졌다. 국가의 운명이 더욱 위태로운 처지에 놓이게 되었다. 국내의 의병은 거의 진압되거나 그 일부가 월경하여 만주·노령으로 이동했다. 당시 연해주 지역 의병 지도자들은 여러 가지 사정으로 불화 상태를 빚고 있었다.

의병부대의 국내진공작전의 패전으로 책임론과 함께 심지어 의병활동에 대한 무용론까지 제기되었다. 안중근이 의병투쟁 대신 스스로 몸을 던진 의열투쟁으로 전환한 것도 이같은 배경에서였다. 일제는 안중근 의거의 배후에 유인석이 개입되었다는 혐의로 뒷조사를 벌이는 등 연해주의 한인사회에 공포분위기를 조성하였다.

이상설은 우선 만주와 노령 안에 산재한 의병부대를 하나의 조직체로 통합하고자 하였다. 유인석·이범윤 등 지도자들과 직접 만나거나, 인편을 통해 이를 추진하면서 종국적으로는 국내의 의병까지를 통합한다는 방침이었다. 안중근 의거 후 일시 거주지를 옮겨 이종섭의 집에서 유거하고 있던 유인석은 이상설의 문안을 받고 답신을 보냈다.

대감께서 매우 근심해 주어 지극히 감동될 뿐입니다. 대저 왜놈들이 후작(이토)을 보내 정탐하는 데 이르게 되면 정세는 혹독하게 될 것입니다. 그러나 이등박문을 죽인 것은 제가 그 계획을 안 것은 아니지만 억지로 저로부터 했다고 한다면 혹 될런지요? 대체로 인석(유인석)이 이곳에 오지 않았으면 안응철(안중근)도 형세가 일을 하지 못하게 되었을 것입니다.

이렇게 말한다면 혹 저로부터 했다고 할 수 있습니다. 그러나 저와 이석대로 하여금 여기에 오게 한 것은 이등박문의 소행입니다. 그 놈이 죽은 것은 그 자신으로부터 이지 어찌 다른 사람으로부터이겠습니까?[9]

이상설은 국내의 위급한 소식을 전해 들으면서 연해주·만주와 국내의 모든 의병부대를 통합하여 단일 의병부대 즉 '13도의군'을 편성하여 국내로 진공하고자 했다. 그래서 다시 인편을 통해 유인석과 만나 이 문제를 상의하고자 하였다. 유인석의 답신이다.

> 인석은 나라를 근심하여 죽고 싶습니다. (…) 내지內地(국내)는 함몰되고 의병은 꺾이며 결박되어 다만 속수무책이라고 말할 수밖에 없습니다. 또 듣건대 왜놈과 러시아가 협약을 맺어 이 지역이 곧 관할당하게 되었다니, 역시 몸둘 곳을 도모할 수 없게 되었습니다.
>
> 이때 어찌 차마 일을 질질 끌며 늑장을 부릴 수 있겠습니까. 대감에게 꼭 좋은 계책이 있을 것입니다. 그리고 천 번 생각하면 역시 답을 얻게 되는 데 얻은 것을 행할 때는 혹 부흥시키는 하나의 방책으로 될 수 있으니, 당신의 계책을 마땅히 서로 대질하고서 시행하여야 합니다.
>
> 시각이 이렇게 급한 때에 당신께서 오겠다고 말씀하였지만 쉬이 오지 못하게 되었으며, 제가 병든 몸으로 당신을 찾아가 뵙고자 해도 가지 못하게 되었으니, 어떻게 하면 좋겠습니까? 저를 대신해서 먼저는 차車씨를 보내었으며 지금은 또 아들을 보내니 양해하시기 바랍니다.[10]

이상설과 유인석·이범윤 등은 깊은 논의 끝에 1910년 6월 21일 연해주와 간도 일대의 의병을 통합하여 13도의군을 편성하기에 이르렀다. 이범윤이 이끄는 창의회倡義會 등을 주축으로 하고, 유인석이 1908년 이범윤 의병의 항일전을 후원하기 위해 마련한 35개조의 「의병규칙」을 13도의군의 '행동규약'으로 정하였다.

이에 따라 각 읍면마다 신망 있는 인물을 뽑아 읍총재를 삼아 그 진장陳將을 지휘하게 하고, 각 도마다 덕망과 신의가 높아 영수가 될 만한 자를 도총재로 삼아 도통령都統領과 읍총재를 관할하게 했다. 또 전국적으로 인심이 열혹할 만한 인물을 추대하여 13도 총재를 삼아 도통령과 도총재를 관할하도록 하였다.

도총재를 정점으로 하는 단일편제로 명령지휘계통을 통합함으로써 향후 전면적인 항일전에 대비하고, 차후 망명정부의 수립까지도 내다 본 체제를 마련하였다. 도총재 아래 실질적인 군지휘관으로 도통령을 두어 군사를 통괄하게 하였다.

13도의군의 지도체제는 노령과 간도에서 활동했던 이범윤을 팡의彰義총재, 함경도 의병장이던 이남기를 장의壯義총재, 황해도 의병장이던 우병열을 도총소都總所참모, 장백부를 기지로 하고 삼수·갑산 등지에서 활동하던 홍범도와 황해도 의

병장이던 이진룡을 각각 동의원同義員으로 하여 시베리아 안의 의병을 통솔하게 하였다.[11]

게다가 국내에서 신민회를 주도하던 안창호·이갑 등까지 참가시켰고, 이상설 자신도 외교대원外交大員이 되었다. 이같은 사실은 연해주 내의 의병의 통합을 의미하고, 아울러 종래 의병항쟁과 길을 달리하던 이른바 '신지식인'들의 애국계몽 계열의 구국운동과도 공동전선을 기획한 것이 되었다 할 것이다.[12]

13도의군은 13도의군 총재 유인석의 명의로 「13도 대소 동포에게 고함」이라는 포고문을 통해 국내외 동포들이 총궐기하여 일제를 타도하자고 호소했다.

이상설은 13도의군에서 '외교통신' 또는 '도통신都通信' 등의 직함을 가진 것으로 나타났으나, 13도의군 조직·편성과정에서 주도적 역할을 하였다. 이상설이 13도의군 조직을 주도하고도 외교통신원 위치에 머무른 것은 "이 직책은 유인석과 이범윤 사이를 절충하면서 전체 사무와 조직을 분리하는 실질적 책임을 담당하였던 것으로 보인다. 연해주 한인사회에서 두터운 신망을 받고 있던 이상설은 그 역할을 수행하는데 적임자였다."[13] 러시아 측의 기록에서도 이같은 사실을 확인하게 된다.

1910년 7월 8일 안밤비 마을에서 창의회는 조직, 운영, 중앙부를 구성할 목적으로 150명의 대표위원이 참석하는 빨치산대회를 소집하였는데 이 중앙부는 모든 빨치산 부대를 통솔하게 될 것이었다. 대회에서는 의장 이범윤, 군지휘관 유인식, 군대훈련 교관 이상설이 선출되었다. 또한 대회에서 창의회 참모부가 구성되었는데, 여기에는 이범윤, 이상설, 홍범도, 한주, 이규풍, 이범석, 권유상, 이기, 이지광이 선출되었다.[14]

13도의군의 창설 지역은 자료에 따라 차이가 있지만, 연해주의 남부 우수리 구역에 있던 지신허地新墟 마을이나 그 인근에 있는 재피구로 추정된다. 13도의군에 편입된 군사조직은 이범윤과 이남기의 의병 외에 홍범도 의병, 간도의병, 국내 이진룡 의병 등이 참여하여 병력은 설립초기에는 1만여 명에 이르렀을 것으로 추산된다. 의병들은 러시아제 군용총으로 무장하였다.

이상설과 유인석 등 애국지사들은 노령과 만주 일대에 산재한 의병부대를 통합하여 막강한 의병부대를 이끌고 국경을 넘어 경각에 달린 조국의 운명을 구하고자 13도의군을 편성하였다. 1910년 6월이다. 하지만 1만여 명에 이르는 군사를 경영하는 데는 막대한 자금이 필요했다.

8장

국권회복투쟁에 선구적 역할

고종에게 연해주 망명 상소

이상설은 13도의군의 편성과 더불어 다른 두 가지 큰 '사업'을 도총재 유인석과 함께 준비하였다. 첫째는 사람을 고종에게 보내어 13도의군을 조직하여 무장전쟁을 통해 국권을 회복 하고자 하나 군수가 부족하니 내탕금에서 군자금을 보내달라는 상소였다.

이상설은 '의군별지휘義軍別指揮 전 종이품 가선대부 의정부참찬'의 직함으로 '13도의군부 도총재' 유인석과 연명으로 1910년 7월 28일 의군의 참모가 된 전 군수 서상진을 국내로 파송하여 상소를 고종 황제에게 전달토록 했다. 상소문은 이상설이 작성하고 유인석이 약간 수정하였다.

두 사람이 쓴 상소문은 크게 두 가지로 요약된다. 첫 번째는 13도의군이 국권회복을 위해 편성된 사실을 설명하고, 이에 소요되는 군자금을 보내달라는 내용을 담았다.

> 신 등이 바야흐로 의병을 규합하고 러시아 관리에게 주
> 선하니, 일이 가망이 있고 계획이 점차 성취되어 가고 있습
> 니다. 다만 군수가 아직도 결핍하여 시기가 지연되고 있습
> 니다. (…) (나라의) 부흥대계가 오로지 이 의거의 일당一堂
> 에 있을 따름입니다. 엎드려 비옵건대, 폐하께서는 특별히
> 비밀리에 성의聖意를 가진 믿을 만한 신하에게 내탕금을 내
> 리시어 신 등이 있는 곳에 이르게 해 주십시오. 전 판서 윤
> 용구는 본디 성품이 충량하여(이 일을) 가히 맡길 만할 것입
> 니다.[1]

상소문은 이어서 의병규합에 러시아 측의 양해가 있었음
을 시사하고, 이상설 등이 지목한 윤용구는 예조와 이조판서
를 역임하고 일제침략이 본격화되는 1895년 이후 일체의 관
직을 사절하고 서울 근교에 은거해 있던 대한제국 출신의 곧
은 선비였기에 그 적임자로 꼽았다.[2]
두 번째는 고종이 연해주로 파천하여 항일투쟁을 직접 지
도하도록 간청하는 내용이다. 가정이지만 고종이 담대하게
일제의 감시망을 뚫고 탈출하여 연해주에서 망명정부를 세
웠다면 독립운동은 엄청난 변화가 있었을 것이다.

이상설은 얼마 후 고종의 '러시아 파천'을 시도하였다. 상소의 두 번째 요지를 소개한다.

오호라. 금일과 같은 지경에 이르렀으니, 폐하께서 한번 다른 나라에 파천播遷하신다면 열국의 공론을 가히 제창할 수 있을 것이니, 천하의 일을 단연코 가히 할 수 있을 것입니다.

엎드려 바라옵건대, 러시아령 블라디보스토크로 파천하시도록 단호히 계획하십시오. 신 등이 비록 불민하지만 단연코 성궁聖躬을 보호하고 중흥을 도모함에 만만 의심이 없습니다. 폐하께서는 과연 이러한 큰 성단을 내리신다면 은밀하게 신 등에게 알려주십시오. 국경을 나와 머무실 곳 등의 일은 신등이 당연히 다시 알려 정하겠습니다. 오호라. 만약 몇 달이 지연된다면 다른 염려가 있을 것이니 시각이 급합니다.

만일 놓칠 수 없는 기회가 있다면 신 등에게 알릴 것을 기다리지 말고 즉시 행하는 것이 좋을 것입니다. 폐하께서 이 일을 행하고자 해도 진실로 할 수 없고 만약 이 일을 행하지 않으신다면 끝없는 욕이 다가올 것이니 신 등은 차마 말할 수 없고 또 말하고 싶지도 않습니다.

엎드려 바라건대 폐하께서는 결연히 계획을 빨리 정해

주십시오.[3]

고종은 강제 퇴위를 당한 후 신변 안전과 국권회복의 목적으로 러시아로 망명할 의지가 있었던 것으로 전한다. 하지만 일제의 철통같은 관리와 궁내 첩자들의 감시 그리고 우유부단한 자신의 처신으로 끝내 '탈출'을 감행하지 못하였다.

러시아 측의 정보에서도 고종의 망명 관련 자료를 찾게 된다.

동경주재 러시아대사 말렙스키 말레뷔치가 1908년 11월 20일 자국의 외무성에 보낸 비밀문건에는 "서울 궁정과 관계가 있는 사람이 전한 말에 의하면 전 황제가 배편으로나 육로로 러시아에 망명을 준비하고 있다고 한다"고 망명정보를 파악하고 있고, 이어 그로 인해 야기될 상황에 대해서는 "전 황제가 러시아 영토에 출현하면 다시 극동에 심각한 위협이 초래되어 대한제국 문제로 러일관계는 긴장이 조성될 것"으로 예상하고, "가장 바람직한 조치로 극동정세를 복잡하게 만들 수 있는 전 황제의 망명계획을 좌절시키는 것이 좋다"고 그 대책까지 제시하고 있다.[4] 1909년 1월 18일 서울 주재 총영사 쏘모프가 보낸 비밀전문에서도 같은 맥락에서 러시아 인사들은 광무황제 자신에게나 백성에게나 모두 무익하다는 이유를 들어 광무황제에게 망명을 포기할 것을 간

시베리아 망명 시절의 이상설

곡히 권한 것으로 확인된다. 그리고 이상설이 상소를 올리기
직전인 1910년 7월 15일에 말랩스끼 말레뷔치가 보낸 비밀
지급문서에서도 "전 황제가 러시아로 탈출하려 한다는 정보
는 확인할 수 없다"[5]고 언급한 것으로 보아 광무황제의 러시
아 망명의사와 동향은 이때까지도 여전히 존재해 왔던 것으

로 판단된다.[6]

　이상설과 유인석의 담대한 '고종의 러시아 망명 프로젝트'는 결국 실현되지 못했다. 러시아 정부가 일본과 갖게 될 복잡한 이해관계 때문에 협조하지 않은 것이 좌절의 또 다른 배경이다.

　이상설은 어떠한 역경과 좌절에도 국권회복운동을 결코 멈추려하지 않았다. 다시 여러 가지 방략을 준비하고 있을 때 일제가 대한제국을 병탄하는 조약체결 임박 소식이 블라디보스토크의 『다리요카 우크라이나』 신문을 통해 입전되었다. 이런 처지에서 일제의 압력을 받은 러시아 당국이 13도의군의 활동을 중지시켰다. 이로써 국내진공을 통해 일제를 한반도에서 축출하려던 13도의군은 해체되는 비운을 겪어야 했다.

　1910년 8월에 들어 일제는 한국 병탄을 더욱 가속화하였다. 8월 22일 이른바 합병조약을 맺고 8월 29일 이를 공표하기에 이르렀다.

형식요건도 갖추지 않은 '합병조약'

　4천 년 역사에서 나라를 송두리째 외적에 빼앗긴 것은 경술국치 외에는 한 번도 없었다. 임진·정유왜란 7년에도 나라는 망하지 않았고, 병자호란 때에는 임금이 적장 앞에 무릎을 꿇었지만 나라의 형태는 유지할 수 있었다.

1910년 8월의 국치는 전무후무한 일이다. 비록 국권은 외적에 빼앗겼지만 역사와 민족은 그대로 살아있대서 애국지사들은 망국이란 표현대신 국치라 불렀다. 그래서 훗날 대한민국 임시정부에서는 8월 29일을 국치일로 정하고 하루 동안 금식을 하면서 절치부심 독립정신을 가다듬었다.

1905년 을사늑약으로 외교권을 강탈한 일제는 정미7조약, 차관정치, 군대해산, 기유각서 등의 과정을 거치면서 대한제국을 무력화시킨 다음, 마침내 1910년 8월 22일 매국노 이완용과 조선통감 데라우치 사이에 이른바 '합방조약'이 조인되고, 8월 29일 이를 공표하였다.

이 조약은 전문과 8개항으로 구성되었다. 전문에선 "일본국 황제폐하는 통감자작 데라우치 마사다케를, 한국 황제폐하는 내각총리대신 이완용을 각각 전권위원으로 임명함"이라 하여, 마치 순종황제가 망국조약의 체결권을 이완용에게 위임한 것처럼 만들었다. 하지만 순종이 이완용을 전권위원으로 임명했다는 자료나 위임장은 어디에도 존재하지 않는다.

또한 내각회의에서 이 문제를 논의한 적이 없었을 뿐 아니라 내각회의록에도 남아 있지 않다. 강제합병 뒤 조선총독부가 편찬한『순종실록』에서 조차 기록이 없다. 자기 나라를 외국과 '합병'하는 중차대한 사안이 내각회의록에 기록되지 않았다는 것은 상식적으로 있을 수 없는 일이다. 당시 대한제국에는 조약안의 처리 절차와 결과를 기록으로 남기도록 하는 것이 법으로 규정돼 있었다.

조약문안의 필체·용지 등을 살펴봐도 이 문건이 날조된 것을 쉽게 알게 된다. 서울대 규장각에 소장돼 있는 병탄조약의 양측 문서를 확인해 보면 한글과 일본어로 된 토씨를 제외한 모든 글자가 동일 필체의 한자漢字로 씌어 있다. 조인과정에서 일본 측이 일방적으로 추진했다는 결정적인 증거다.

글씨체뿐만 아니라 종이질, 제본형태, 봉인방식 등이 완전히 똑같다. 이는 병탄조약 문안이 일제에 의해 일방적으로 만들어졌다는 결정적 증거다. 병탄조약 이전에 체결된 한일의정서, 을사늑약, 한일협약 등에서는 양측 문서의 글씨체와 종이질이 전혀 다르다.[7]

병탄조약이 '체결'되고 2개월여가 지난 1910년 11월 7일 데라우치가 일본 내각총리대신 가쓰라 다로에게 보고한 문건에도 저간의 사정이 상세하게 적혀 있다. 데라우치는 현장에서 병탄조약을 '체결'한 장본인이다. 이 문건은 일왕에게도 보고되었다.

본관은 성지聖旨를 받들어 지난 7월 23일 한국에 착임한 이래 이미 확정된 계획에 따라 시기를 노려 병합의 실행에 착수코자 한편으로는 준비를 서두름과 동시에 남몰래 한국 상하의 상황을 살펴보건대, 어느 한쪽이나 대세의 진운에 비추어 난국을 구제하기 위해서는 도저히 근본적인 개혁을 피할 수 없다는 사리를 깨달은 것 같으나 당국자는 오직 황실의 대우와 재상 정부 직원의 처분에 관하여 아직도 의념疑念을 품어 시국 해결의 책임을 미루려고 하는 상황이므로 본관은 간접 경로를 통해 우리 천황폐하의 관인하고 그 정부의 광명한 황실 및 재상은 물론 한민(한국인) 전반의 처세 상태를 한층 안전하고도 행복한 지위에 둘 것이며, 오늘보다 더한 고경苦境에 빠지는 일은 결코 없을 것이라는 이유 및 한국 내각원으로서 그만 둔다할지라도 제국정부(일본정부)의 결의를 실행하는 데는 전혀 지장이 없으며 그의 퇴피退避 행위는 도리어 당국자 및 국가에 불리한 결과를 가져오는 데 지나지 않는다는 사정을 미리 이해시키기 위해 노력하겠다.[8]

데라우치가 한국에 착임하여 병탄의 시나리오를 진행하는 과정을 밝힌 문건이다. 이에 따르면 대한제국의 '당국자'들이 오직 황실의 대우와 자신들의 처우에만 관심이 있었다는 것이다. 여기서 '당국자'란 이완용 내각의 수상과 각원들을 말한다. 이들은 나라의 안위는 안중에도 없고 오직 자신들을 고위직에 올려준 임금과 황실의 안녕 그리고 자신들의 처우에만 관심을 보인 것이다.

그래서 일본 정부는 한국의 황실과 재상들의 입지를 보장할 것이며, 설혹 내각원들이 사직하더라도 합병에는 지장이 없을 터이니 알아서 하라고 협박을 하겠다는 것이다.

데라우치는 일본에서 만들어 온 조약 내용 5개항을 이완용에게 알리고 구체적인 '행동지침'까지 제시했다. "조약체결의 순서로 귀 대신은 먼저 각의를 거친 후에 한황폐하(순종)에게 위와 같은 취지를 말씀드려 조약체결을 위해 전권위원의 임명을 주청할 것이며, 귀 대신과 본관은 그 직책상 조약체결의 대임을 맡음은 물론이다."[9]

데라우치는 친일각료 농상공부대신 조중응과 이완용 내각에서 내부대신 등을 맡으며 한일합방 상주문, 청원서를 제출하는 등 친일원흉인 송병준을 불러 이완용과 매국조약 체결을 경쟁시키면서 병탄 작업을 진행했다.

일제의 한국병탄 전략은 치밀했다. 순종황제 명의의 '합병문안'까지 일본에서 만들어 왔다. "짐은 동양의 평화를 공고히 하기 위해 일한 양국의 친선 관계를 돌아보고 서로 합해서 일가가 되는 것이 서로 만세의 행복을 도모하는 소이로 생각되어 이에 한국의 통치를 모두 짐이 가장 신뢰하는 대일본국 황제폐하에게 양여하기로 결정했다. 따라서 필요한 조장條章을 규정하여 장래 우리 황실의 안녕과 백성의 복리를 보장하기 위하여 내각총리대신 이완용으로 하여금 대일본제국 통감 데라우치 마사다케와 회동하여 상의 협정케 한다."[10]

데라우치가 국권탈취 원흉

일제는 8월 22일 일본헌병대가 철통같이 포위한 창덕궁에서 형식적인 어전회의를 열도록 했다. 이완용이 합방조약문을 내놓고 각의에서 통과되었다면서 융희황제의 재가를 요청했다. 국사의 주요 문서는 어새와 황제의 이름자 '척拓' 자의 서명으로 이루어진다. 그런데 어새의 행방이 묘연해졌다. 윤 황후가 국치문건에 어새를 찍지 못하게 하려고 어새를 치마 속에 감추었다.

이를 눈치 챈 윤 황후의 삼촌 윤덕영이 이를 강제로 빼앗아 치욕의 문서에 어새를 찍었다. "일본국 황제폐하 및 한국 황제폐하는 양국 간의 특수하고 친밀한 관계를 고려하여 상호 행복을 증진하며 동양평화를 영구히 확보하고자 하여 이 목적을 달성하기 위하여 한국을 일본제국에 병합함이 선책이라고 확신하고······." 병탄조약을 체결한다고 했다. 위협과 강압으로 맺은 병탄조약은 형식상으로는 대한제국의 황제가 일왕에게 통치권의 양여를 자청하고 일왕이 이 요청을 수락하는 형식으로 만들었다.

병탄조약 제1조는 "한국 황제폐하는 한국 전부에 관한 모든 통치권을 완전 또는 영구히 일본 황제에게 양여한다", 제2조는 "일본국 황제폐하는 전조에 기재한 양여를 수락하고 완전히 한국을 일본제국에 병합함을 승낙한다"라고 작성되었다. 병탄조약에는 총리대신 이완용, 내부대신 박제순, 탁지부대신 고영희, 농상공부대신 조중웅, 궁내부대신 민병석, 시종원 경 윤덕영, 중추원의장 김윤식 등 '병탄7적'이 서명하였다.

이로써 조선왕조는 27대 519년 만에 멸망하고 우리나라는 일제의 식민지로 전락했다. 일제는 8월 29일 '조약'을 공표함과 동시에 한국이라는 국호를 폐지하고 통감부를 대체하여 조선총독부를 개설해 초대총독에 데라우치를 임명했다. 합병에 공을 세운 이완용 등 친일 매국노 76명에게 작위와 거액의 은사금을 주었다. 일제는 『조선총독부관보』 제1호에 병탄조약을 게재하면서 내외에 이 사실을 알렸다.

한국을 멸망시킨 데 앞장 선 데라우치는 8월 30일 남산 총독관저에서 파티를 열며 "고바야가와, 가토, 고니시가 세상에 있다면 오늘 밤의 달을 어떻게 보았을까?"라며 승자의 오만과 자만에 빠져 한껏 거드름을 피웠다. 고바야가와, 가토, 고니시는 모두 임진왜란 때 조선을 침략했던 왜장들이다.

합병 사실이 알려진 8월 29일, 일본 도쿄 시내는 집집마다 일장기를 내걸고 상인들은 가게 문을 닫고 꽃으로 치장한 전차에 올라 환호했다. 낮에는 합병을 자축하는 깃발의 행렬이, 밤에는 초롱불 행렬이 이어졌다. 일본 열도가 온통 축제와 광기에 들떠 있었다.

한국에서는 전 판돈녕부사 김석진, 선비 황현, 의병장 이근주, 전 공조참의 이만도, 전 사헌부지평 이중언, 의병장 김도현 등이 병탄을 반대하면서 자결하고 망명 중이던 안명근이 입국하여 군자금 모집 중에 피체되었다. 매국노들은 일제에 나라를 팔았지만 민중은 이를 용납하지 않았다. 다시 국내외 곳곳에서 의병이 일어나 일제와 치열하게 싸우면서 국권회복 투쟁을 벌였다.

박정희 정권이 1965년 굴욕적으로 한일기본조약을 맺을 때 "1910년 8월 22일 및 그 이전에 대한제국과 일본제국 간에 체결된 모든 조약 및 협정이 이미 무효임"을 선언했다. 그러나 '이미 무효already nulland void'란 표현을 한국에서는 '처음부터 무효'라고 해석하고 있지만 일본은 이를 현재완료형으로 해석하여 '이제 무효가 됐다'는 식으로 인식하고 있다.

일본은 여전히 한국 침략과 병탄에 대해 진심으로 사과하지 않고 있는 것을 보여주는 대목이다.

국치 소식 듣고 성명회 조직, 항일투쟁

해외 망명인사들에게 국치의 소식은 충격적이었다. 이미 예상하지 못한 바는 아니었지만, 막상 고국이 망했다는 소식을 제정신으로 받아들이기 어려웠다. 누구보다 국권회복운동에 진력해 온 이상설은 더욱 그랬다.

하나 언제까지나 충격과 개탄에만 빠져 있을 수 없었다. 이상설은 여러 면에서 조선시대 선비의 자격을 두루 갖췄지만, 더불어 실천적 근대 지식인의 자질도 갖추었다. 다시 털고 일어나 실의와 좌절에 빠지거나 통분하는 동포들을 모아 새로운 구국운동을 시작하였다.

이상설은 블라디보스토크에서 외신을 통하여 8월 22일 조약에 조인을 마치고 24일에 각국에 통고를 보내며, 29일과 30일의 이틀간의 일반에게 발표한다는 '국치'의 사실을 현지 언론을 통해 들었다. 국내보다 먼저 알게 된 소식이었다.

지체할 여유가 없었다. 이상설과 블라디보스토크에 거주하는 한인 200여 명은 즉시 한인촌의 한인학교에 모였다. 그들 가운데는 비분에 싸여 호곡하는 이가 많아 회의는 비통한 분위기 속에서 진행되었다. 회의가 진행되는 동안 동포의 수는 700여 명으로 늘어났다. 다음날 새벽 2시 반까지 계속된 이 모임은 성명회聲明會의 이름으로 모든 '한인이 동맹하여 국권회복을 기도하기로' 결의하였다.[11]

이상설은 한인대회를 준비하면서 "대한의 국민된 사람은 대한의 광복을 죽기로 맹세하고 성취한다"는 목표로 성명회 조직을 발의하였다. 성명회의 뜻을 "성피지죄聲彼之罪 명아지원明我之寃" 즉 "일본의 죄를 성토하고 우리의 원한을 선명한다"에서 땄다. "이상설의 사상은 광복을 위해 한국인이 모든 역량과 수단을 모아 항일독립운동에 나갈 때 민족의 시련을 극복하고 독립의 영광을 찾게 된다는 것이었다."[12]

이상설이 이날 집회에서 기초하여 배포한 성명회의 취지문은 다음과 같다.

오호, 해외재류 아 동포여, 한 번 머리를 드러 조국의 한반도를 바라보라. 저 아름다운 삼천리 강산은 오인吾人의 시조 단군이 전하는 바고 우리 2천만 동포는 단군의 자손이 아니냐. 우리의 존중하고 경애하는 바는 이 반도이다.

잊으려 하여도 잊을 수 없고 버리려 하여도 버릴 수 없는 바다. 어시호於是乎 우리는 차라리 2천만의 두려豆臚를 끊을지언정 5천년 래 조국, 이는 버릴 수 없다. 우리는 생명을 바치어도 타의 노예가 될 수 없다.

저 간악무도한 왜적은 만근 수 십년 래 일시의 강력을 방패로 삼아 우리 황제를 편박하고 우리 정부를 위협하여 한 번 외교권을 빼앗고 두 번 내정을 간섭하여 우리의 독립권을 침해하고 우리의 무모형제를 학살하고 우리의 가옥 전토田土를 강탈하였다.

우리들과 하늘을 같이할 수 없는 원수이다. 누가 통심절치치 않겠느냐. 우리는 금일까지 인묵忍默의 태도를 취한 것은 일면 우리의 실력을 함양하고 일면 저들의 회개를 기대한 것으로 결코 저들 관천영지貫天盈地의 죄악을 용서한 것이 아니다.

정의인도를 무시한 왜적은 다시 기악其惡을 키워 소위 합병의 의議를 창하고 우리의 국기를 뽑고 우리의 역사를 불사르고 우리의 민적을 그들의 노안奴案으로 만들었다.

오호, 우리는 금일에 이르러서도 상차 인묵하여야 하는가, 금일지사 우리의 최후의 역사가 아니냐. 우리 동포는 무장할 날을 금일로서 피를 흘릴 날도 역亦 금일인 것이다.

대저 일에는 차서次序가 있고, 때에는 전후가 있다. 20세기 국민의 행동은 세계 열강의 여론에 의거하는 것이다. 그러므로 먼저 열국 중 오국吾國과 일찍이 친교동맹을 체결한 각국에 대하여 왜적의 불법무도의 사실과 아울러 합병 반대의 의견을 피력하여 기其 오신誤信을 풀고 열국의 공명정대한 여론을 구하고 그리고 왜적의 죄를 성토하는 것이다.

이것이 우리들이 할 제일급무이라 일컬을 것이다. 여사히 지志를 같이하고 분憤을 같이하는 동포의 의議와 시時를 같이하고 일어났다. 음력 7월 13일(양력 8월 23일) 다수의 동포 해삼위 한인거류지에 회합하여 성명회를 조직하고 노청露淸 각지에 재류하는 동포에게 공포한다.

조국을 사랑하고 동포를 사랑하는 우리 동포는, 사랑하는 우리 동포는 속히 협력하여 성聲을 같이 할지어다. 우리가 제자諸子에게 바라는 바는 뜻을 같이하고 성을 같이하는 것 뿐이다. 동포의 결缺을 구하는 것이 아니고 속히 이것에 찬동하여 우리의 목적을 달하고 우리의 수치를 씻을 것을 희망한다. 더 주저하지 말지어다. 우리의 사랑하는 동포여, 호呼!¹³

병탄반대 조약무효 선언

이상설은 유인석 등 13도의군을 주도한 인물들과 상의하고 교민들을 동원하여 8월 18일경 성명회를 조직하고 연일 집회를 열어 병탄 조약의 무효를 선언하였다. 동포들의 모임은 날이 갈수록 수가 늘고 열기가 뜨거웠다. 그래서 성명회를 조직하고 연일 집회를 열어 병탄무효를 선언할 수 있었다.

성명회는 「성명회선언서」를 각종 집회와 외국기관에 배포하고 선언서의 서명록에 8,624명의 서명을 받았다. 간도와 해삼위에 거주하는 민족주의자 대부분이 서명한 서명록이었다. 일제강점기 항일 관련 단일 문건의 사명자로는 가장 많은 숫자이다.

이상설의 이와 같은 활동을 지켜 본 유인석의 『의암집』의 기록이다.

> 이상설이 러시아에 거주하고 있는 사람들을 대대적으로 모아 끝내 대한의 백성이 될 것과 대한의 나라를 회복할 것을 맹세하였고, 1만여 명이 서명한 성명서를 각국 정부와 신문사에 보내 저 왜적의 죄를 성토하고 우리의 원통함을 밝혔다. 선생이 이것의 시행을 허락하여 선생의 성명을 가장 앞에 두었다.[14]

이상설은 「성명회성명서」를 비롯하여 언론사와 구미 각국 정부에 보내는 각종 문건에서 유인석을 가장 앞자리에 놓았

미국 국립문서보관소에 소장된 선언서. 서명록이 첨부되어 있다.

다. 유인석의 위상에 따른 교민들의 존경심과 더불어 이상설의 겸양을 찾을 수 있다.

> 이상설이 수만 명을 대대적으로 모아 성명을 나열하여
> 성명서를 만들어 각국 정부와 신문사에 보냈는데, 모두 선
> 생의 성명을 가장 앞에 두자고 하여 허락하였다.[15]

성명회는 점차 회원이 증가하고 국내 정황이 급박해지면서 활동의 영역을 넓혀나갔다. 블라디보스토크 주재 일본 총

196

영사가 일본 외무대신에게 보낸 정보문서에서 한국 애국지
사들의 활동상의 일단을 보게 된다.

　본월(8월) 17일 밤에 김익령·최병찬·유인석·김학만 기타
중요한 한인 10여 명이 이범윤의 집에서 회합을 갖고 합방
문제에 관하여 열국 정부 앞으로 전신으로 탄원서를 발송
하기로 결의하고, 그 예산액 1천 5백 루블은 그 날 밤에 이
미 130루블 정도의 기부금이 있다.

　흡사하게 미국 샌프란시스코에서(결성된) 합방 반대의
'애국동맹단'의 성립을 통지함과 함께 가능한 한 보조를 하
나로 하여 일을 이루기로 신청하였다. 다음날 18일 오후 3
시에 한인정(개척리)의 한민학교에 약 150여 명의 한인을 소
집하여 전날 밤의 결의를 발표하고 일동의 동의를 구하고
협의한 끝에 새로 '성명회'라는 것을 조직하여 우건右件을
처리하였다.

　전신을 대신하여 문서로써 일본 이외의 각 조약국에 발
송하기로 결의하고, 이범윤·유인석·차석보·김학만 외 4명
을 이사로, 정재관·유진률 외 2명을 기초위원에, 서상기를
회계계에, 조장원을 사무원에, 유진률 외 2명을 유세원으로
하고, 원안은 이범윤이 이를 기초하여 그 대요를 대동신보
사에서 인쇄하여 이를 각지에 배부하여 일반 한인의 동의

를 구하기로 하였다.[16]

이상설과 한인 애국자들은 8월 22일 국망 소식이 확인되면서 다시 병탄 반대와 무효를 선언하는 「취지서」를 발표하고 각국 정부에 병탄조약 반대의 전문을 보냈으며, 이와 함께 각국 신문사에는 반대 취지를 알리는 선언문을 보내어 게재를 요청하였다. 이와 관련, 블라디보스토크에서 발행된 『대동신보』의 기사이다.

대한국 일반인민의 대표 유인석 씨가 구미열국 정부에 대하여 한일합병의 반대를 법문으로 전보함이 여좌하니라. 일본이 우리 대한에 대대로 원수 뿐 아니라 조약을 체결하여 써 옴으로 여러 번 그 말을 어기어 그 공법을 패루悖屢하며 정의를 모멸한 것을 가히 이겨 말하지 못할지며 이제 또 합방의 일로써 장차 열국에 공포하려 하나 그러나 그 실상인즉 우리 대한사람의 원하는 바가 아니요 자기가 스스로 창도함이라.

만일 일본으로 하여금 과연 억지로 합방을 행한 즉 동양의 평화와 희망이 장차 영원히 양렬壤裂되어 한국과 다못 일본의 무궁한 화가 장차 쉴 때가 없으리니 바라건대 귀 정부는 이 사상事狀을 밝히 살피어 그 일본이 한국을 일본에

합하는 선언에 대하여 우리 전날의 우호를 돌려 생각하며
우리 큰 판의 평화 보전키를 힘써서 승인치 말기를 지극히
바라노라.[17]

국치가 기정사실로 알려지면서 이상설과 노령의 한인지도
자들은 성명회 대신 '대한일반인민총대'라는 별도의 명칭으
로 하여 대표자 명의로 병탄조약의 무효투쟁과 한민족의 자
주권회복을 밝히는 「선언서」를 각국 정부와 언론사에 보내
었다. 국권회복을 위한 투쟁의 새로운 출발이었다.

'대한일반인민총대'로 한 것은 한민족의 대표성과 상징성
을 선명하게 부각시킬 목적에서였으며, 임시로 사용한 것으
로 보인다. 장문으로 된 이 선언서에는 연해주, 간도 일대에
거주하던 한인 8,624명의 방대한 서명록이 첨부되어 있다.
이 서명록은 곧 한민족의 독립의지를 천명함과 동시에 일제
의 병탄조약이 한민족의 자주의지를 무시하고 강제로 체결
된 사실을 입증하는 증좌로 제시한 것이다.[18]

8,624명 서명한 성명회선언서의 기초

성명회의 여러 가지 문건 중 가장 중요한 「성명회선언

서」는 병탄조약의 무효와 한민족의 자주독립을 천명하고, 8,624명의 서명록을 첨부한 방대한 내용으로 1910년 8월 23일 발표되었다. 이 선언서는 이상설이 한문으로 기초하고 유인석이 약간 수정 윤문한 것이다.

이 문건은 프랑스어로 번역돼 과거 대한제국과 조약을 체결했던 미국·영국·프랑스·러시아·중국 등 각국 정부에 8월 26일 경에 발송하였다. 서명록은 유인석·이범윤·김학만·이상설의 순위로 1매에 77명 씩 총 112매에 8,624명이 서명한 방대한 문서로 마련되었다. 프랑스어로 작성한 이 문건이 미국무성에는 1910년 10월 29일 접수되었다. (현재 이 문서는 워싱턴 국립문서보관소에 소장돼 있다)

「한국국민의회(성명회) 선언서」(국역)는 다음과 같다.

한국국민의회(성명회) 선언서

귀 정부도 아시는 바와 같이 한국국민의회(성명회)는 한국의 '합병'에 관하여 귀국정부에 전문全文을 발송한 바 있습니다.

본 의회는 귀국정부에 누를 끼칠 생각은 추호도 없이 자신의 권리를 정당하게 행사하는 것을 자랑스럽게 생각하며, 귀국정부의 드높은 호의와 정의감에 호소하면서 다시 한 번 한국의 뜻을 전하여 드립니다. 우리가 감히 귀국정부에 보여드리고 싶은 한국의 상황은 다음과 같습니다.

일본은 1876년에 한국과 우호조약을 체결했습니다. 이 조약에 의하면 한국은 독립국가로 인정되고, 일본과 같은 권리를 갖고 있습니다. 이 조약과 유사한 조약들이 다른 나라들과도 계속 체결되었습니다. 청일전쟁과 러일전쟁 동안 일본은 한국의 독립을 보호하겠다고 선언했습니다. 일본인이면 누구나 되풀이해 온 이 선언은 모든 나라에 알려져서 모든 나라들은 일본이 조약들에 의해 모든 방법으로 극동의 평화를 유지하고 일본이 약속들을 파기하지 않고 있는 것으로 알아 왔습니다.

그러나 일본은 약속들을 지키지 않았을 뿐만 아니라, 일본의 행위는 불법적이고 독단적이며 불성실한 것입니다. 일본은 그들의 목적을 달성하기 위해 그러한 방법이 야기시킬 결과는 생각지도 않은 채 한국의 여론에 무서운 압력을 행사했습니다.

한국에 대한 일본의 행동은 국제법을 유린하는 것이며 배신 잔인의 낙인이 찍힌 것이었습니다. 일본과의 조약체결 이후 일본이 자행한 야만행위들은 헤아릴 수조차 없이 많습니다. 사나운 짐승같은 일본의 이 잔인한 행동들에 대해서는 다음과 같은 사실을 상기하면 되는 것입니다.

1895년 일본공사 삼보오루三浦梧樓는 공범자들과 함께

밤중에 황궁의 문을 파괴하고 들어가 우리의 황후를 시해하고 궁전에 불까지 질렀습니다. 공포에 잠긴 황제는 생명을 건지기 위해 러시아 공관에 파천하였습니다. 이 행위가 일본정부의 교사에 의해 저질러졌다는 사실은 모든 사람들에게 상세히 알려져 있습니다. 삼보오루 공사는 일본정부에 의해 처벌을 받지 않았고 다만 일본정부는 황비시해에 참가한 80명의 일본인들에게 한국에서 떠나라고만 명령했습니다.

이렇게 하여 일본정부는 자신의 무죄함을 세계 각국에 입증하려 한 것입니다. 우리 황실에 대해 일본인들이 범한 이 행위는 문명의 관념은 조금도 없이 인간이 취할 수 있는 행위 중에서 가장 잔인하고, 가장 야만적이며, 가장 사나운 것이 아니겠습니까?

1905년에 일본 대사 이등박문은 일본군 사령관 장곡천호도長谷川好道와 함께 그들의 군인들로 황궁을 포위하고, 한국정부의 총리대신을 체포했으며, 다섯 개의 조항으로 된 조약에 서명하라고 한국 황제에게 강요하며, 그들은 자기들이 서명 후 자기들이 옥새를 찍었습니다. 이 조약은 한국 황실에 신임장을 낸 모든 외국에게 전달되었습니다.

이러한 행위에 직면하여 한국 황제는 미국인 헐버트를 각국에 순회시켜 한국정부가 이와 같은 조약을 일본과 체결할 의사가 추호도 없었음을 설명하게 했고, 황제는 또 비밀리에 헤이그 평화회의에 사람을 보내 일본이 한국에서 비열하고 야만적이며 배신적인 태도로 행동하는 근거를 각국 외교사절에게 제시하게 했습니다.

이 조약을 근거로 일본은 1907년에 지난번에 저지른 죄악을 뉘우치지도 않고 한국의 황제를 폐위시키고, 한국군대를 해산시켰으며, 한국의 관리들을 자신들의 권력 밑에 종속시켰습니다. 이 때문에 압제에 시달린 한국인들은 의병을 일으켜 게릴라전을 시작하여 피를 흘렸습니다. 이리하여 한국에는 평온이 없습니다. 일본인들의 배신과 잔인성에 분노한 한국인들은 통분하고 있습니다.

일본은 비열한 가면을 뒤집어 쓴 모습을 나타내고 있습니다. 그들은 한국에 교육을 보급시키고 복리를 도모하겠노라고 모든 사람에게 선전하고 있습니다. 그러나 그와는 반대로 그들은 한국학생들이 국가를 부르는 것을 금지하고, 체육교육을 금했으며 ,한국의 역사책을 불살라 버리기까지 했습니다. 일본은 한국의 국민교육을 가장 낮은 수준으로 떨어뜨리기 위해서 모든 짓을 다하고 있습니다. 진실을 말하는 사람은 벌을 받고, 진실을 글로 발표하는 사람은 법정에 출두해야 하며, 공포된 문건들에 항의하는 사람이나 신사참배를 거역하는 사람은 체포당합니다.

한국인들은 글을 쓸 자유나 서로 토론하는 자유가 없습니다. 만일 몇 사람이 모이면 즉시 체포당합니다. 만일 몇 사람이 같이 앉아 있으면 같은 방법으로 분산시켜 버립니다. 일본인들은 한국인을 억압하고 있습니다. 그들은 한국인들이 국민에게 유익한 단체를 조직하려고 하면 가장 작은 단체라도 만들지 못하게 합니다. 그들은 개인의 편지까지 뜯어보고, 손과 발을 묶고, 한국인이 국경을 지나는 것을 금하고 있습니다.

그들은 한국국민을 협박과 폭력으로 억압하고 있습니다. 그들은 생존에 가장 가혹한 조건들을 한국인들에게 강요하고 있습니다. 열렬한 애국자들은 교수형絞首刑에 처해지거나 쇠사슬에 얽매이게 됩니다. 그들은 돈과 협박과 폭력으로 최하층민들 중에서 수천 명을 매수하여 일진회라 부르는 단체를 만들었습니다. 이 단체는 일본을 위해 부역하고 있습니다.

이렇게 해서 일본인들은 온 세계를 속이고 있습니다. 이것은 배신이고 야만이며 잔인한 노릇입니다. 일본의 불법성과 폭력보다 더 해로운 것이 이 세상에 없을 것입니다. 일본인에 대한 증오감과 복수심이 한국인들의 가슴속에서 불탈수록 애국심은 그들의 가슴 속에서 커져가고 있습니다.

일본군대와 경찰이 지나간 곳은 어디에나 황폐뿐입니다. 그들은 마을들을 불태우고, 죄인을 찾을 수 없기 때문에 시민들이 혐의를 받게 됩니다. 이런 수단 때문에 국토는 한국인들의 해골로 덮여 있습니다. 만일 어떤 사람이 혐의를 받게 되면 그에게는 가장 잔인한 체형이 주어지며, 재판관 앞에서 자신의 무죄를 밝힐 권리가 박탈당합니다.

일본 이주민들은 폭력·협박·비열성·불법을 자행하여 평화스런 한국인들로부터 산업을 빼앗고 있습니다. 그러나 이러한 행동에 대해 일본정부는 방관하고 있습니다. 일본정부의 이런 태도는 비우호적이고 잔인하며 비열한 배신행위인 것입니다.

이제 귀국정부는 일본이 통보한 합병의 내용을 알았을 것입니다. 우리의 파멸이 더욱 완전한 것이 되도록 하려고 일본은 한국 국기와 한국 황실을 없애버렸습니다. 나라를 겉모양과 그 땅덩이와 더불어 남겨 놓았습니다. 일본은 한국을 식민지로 바꾸었습니다. 일본은 한국황제에 대해 일본황실에 부여한 같은 예우를 하며, 한국정부에는 시내정의寺內正毅 총독을 임명할 것입니다. 이보다 더 비열하게 행동할 수는 없을 것입니다. 이런 행동은 이 세계에서 볼 수 없는 가장 비열하고, 가장 배신적이며, 가장 밉살스런 행동인 것입니다.

한국인들은 일본과 투쟁하기 위해서 우리의 의무를 이행해야 하며, 우리의 모든 힘과 수단을 규합해야 합니다. 이 목적을 위해서 우리는 일본에 항의문을 발송하고, '한국국민의회'(성명회)를 조직했습니다. 이 밖에도 우리는 세계 속에서 한국의 이름을 간직하고 국민들에게는 한국인이라는 지위를 계속 간직하기로 결정했습니다.

우리의 과업이 우리에게 아무리 어려운 것이라 할지라도 우리는 자유에 도달할 때까지 손에 무기를 들고 일본과 투쟁할 것을 각오하고 있습니다. 본 의회는 단호히 행동하기로 결정했습니다. 우리는 귀국정부가 한국국민이 '합병'을 원하고 있다고 생각하기를 원치 않습니다. 우리는 귀국정부가 우리 국민중에서 쓰레기들인 몇몇 간사한 한국인 부랑자들 때문에 속았다는 사실을 알게 되기를 원합니다.

우리는 다시 한 번 귀국정부가 한국의 이 특수한 사정을 국제법에 의해 판단하고, 정의와 휴머니티의 원칙에 의해 행동하며, 일본에 의한 한국합병을 반대할 것을 청하는 바입니다. 한국인은 힘으로 빼앗으려는 행위를 귀국정부가 존중하도록 하거나, 20세기 초에 그런 범죄가 문명의 역사를 말살하려는 것을 귀국정부는 용납하지 않으리라고 감히 희망하는 바입니다.

한국을 옹호해 주십시오. 한국을 옹호함으로써 귀국은

권리와 정의를 옹호하게 되는 것입니다. 한국을 구원해 주십시오. 귀국정부에게는 이것이 영광과 명예가 될 것입니다. 귀국이 불의를 두둔하기 위해 수세기 이래로 귀국의 명예와 영광을 이루고 있는 원칙들을 포기하지는 않기를 희망하는 바입니다.

무슨 일이 닥치더라도 진정한 국민인 한국국민은 자신의 자유를 획득하기 위해 죽을 각오가 되어 있습니다.[19]

니콜리스크에 7개월 유폐 당해

일제는 한국을 병탄한 후 러시아 정부에 압력하여 연해주 지역 한인의 항일운동을 봉쇄하고자 하였다. 러일전쟁 패배 후 지속적으로 일본의 위협을 받아온 러시아 정부는 9월 11일 이후 일제의 간섭 아래 성명회 등 한인 단체를 탄압하기 시작했다.

성명회는 러시아 정부의 탄압 속에서도 활동을 계속했으나 예전처럼 활발하기는 어려웠다. 활동이 위축된 가운데 9월 12일 블라디보스토크의 러시아 경찰은 이상설 등 한인독립운동가 42명을 검거하여 유배시켰다.

이상설은 니콜리스크로 끌려가 유폐되었다가 이듬해 석방

되고 이범윤·김재두·권유상 등은 바이칼호 부근의 이르쿠츠크로 끌려가 7개월 동안 유폐되었다. 한인 지도자들의 수난을 유인석은 「여일반동포與一般同胞」라는 글에서 다음과 같이 기술하였다.

국내에서 합병의 급보가 나와 그 화는 차마 말할 수 없는 데까지 이르고 국외에서는 러시아와 일본의 협약이 이루어져 사태가 중하고 시기가 급하여 계략을 쓸 바가 없다가 곧 급보로 청국과 러시아 및 각국 정부에 합병무효를 말하여 승인하지 말 것을 바랐다. 이어서 만여 인이 왜적의 죄악을 성토하고 한국의 원한을 선명하여 성과를 바랐다. 그리고 이곳의 국민이 결약하여 왜적의 절제를 죽어도 받지 않기로 하였다. 그러나 몸이 사로잡히는 궁한 지경에 이르렀으니 그 운명이 애달프다.[20]

이상설이 1909~1910년 블라디보스토크에서 주도한 앞에 소개한 여러 가지 활동은 동시대 어느 누구에 못지않은 선구자적인 국권회복투쟁이었다. 13도의군 편성이나 성명회 조직 등 국권회복을 위한 활기찬 준비 중에 경술국치를 당하게 되고 일제의 압박에 눌린 러시아 정부의 탄압으로 뜻을 이루지 못하고 말았다.

이상설은 1910년 8월 국망이 현실화되는 상황에서 병탄 무효를 선언하고 병탄반대투쟁을 조직적으로 전개하기 위해 성명회를 조직하였다. 성명회는 국망을 계기로 십삼도의군의 활동이 전이된 형태로 발전한 것이다. 이상설은 성명회의 활동내용 가운데 핵심되는 선언서를 기초하였고, 나아가 대규모 병탄반대 서명록을 작성하는 데 중요한 역할을 하였다.[21]

9장

권업회 창설과
『권업신문』 발행

독립운동기관 권업회 창설

경술국치 이후 한국의 깨어있는 지식인들은 스스로 '망국
노亡國奴'라 불렀다. 매국노와 같은 노예 노奴 자를 써서 나라
를 지키지 못한 것을 스스로 자책한 것이다. 같은 한자 문화
권인 중국에서 한국 망명지사들에게 가장 가슴 아픈 조롱거
리는 '조선망국노'란 멸칭이었다.

망국노가 된 이상설은 1911년 유배지 니콜리스트에서 풀
려나 다시 블라디보스토크로 돌아왔다. '국권회복'은 아무리
시대상황이 변하고 정세가 바뀌어도, 포기할 수 없는 그의
사명이고 함께할 운명이었다. 러시아는 제1차 세계대전을 앞
두고 국제열강끼리의 '짝짓기' 과정에서 일본과 한패가 되었
다. "국제사회는 영원한 동맹도 적국도 없다. 오직 영원한 국
가 이익만이 존재한다"는 속언 그대로였다.

이상설은 러시아 당국의 냉대와 탄압 속에서도 국권회복의 새로운 방략을 강구하였다. 그것이 권업회勸業會의 발족이다. 1911년 5월 20일 블라디보스토크 신한촌에서 57명의 민족주의자들이 모여 새로운 독립운동의 기관으로 권업회를 창설하였다.

블라디보스토크 신한촌의 전경. 이상설은 해외 독립운동의 중심지였던 이곳에서 권업회와 대한광복군정부 활동을 주도했다.

회장 최재형, 부회장 홍범도가 선임되고, 권업회를 대표하면서 실질적 운영책임자가 되는 의사부議事部 의장에 이상설, 부의장에 이종호가 선임되었다. 러시아 당국의 공인을 받아 합법적인 결사로 활동하기 위해 회칙에서 "본회의 목적은 실업失業의 동포에게 실업實業을 수여하여 직업에 충실하도록 하고 생활상 저축을 장려하고 동포가 상애相愛 상신相信하는 마음을 견고케 하여 문명의 행동을 도모함에 있다"고 명시하였다.

마치 비슷한 시기 우당 이회영 일가 등이 북만주 삼원보에서 신흥무관학교를 세우면서 '신흥학교'라는 간판을 내건 것과 유사한 경우였다. 권업회는 13도의군과 성명회 등에 참여했던 인사들이 대부분이었다. 권업회는 실제로 동포들의 생업과 협동에도 많은 기여를 하였다.

권업회의 활동은 재래의 사회적, 정치적 활동에 새로운 국면과 전기를 이룩한 것이었다. 한족회의 막연한 목표인 '한인사회의 공동이익 증진'이라는 것보다도, 또는 성명회의 '성피지악 명아지원聲彼之惡 鳴我之寃'보다도 확실히 일보전진한 것이었다. 경제(생활) 문제와 정치(반일) 문제를 결부시켰다는 데에 이 조직의 진보성이 있었다. 또한 그 단계로서는 그렇게 하는 것이 정당하였다.

한인사회 자체의 전신과 이익을 무시한 격정적인 반일운동이라는 것은 러시아의 한인사회에서는 대중적인 기반을 얻기 어려우며 러시아 당국의 부득이한 견제도 문제였다. 러시아의 비의식적인 한인대중은 정부의 고위직에 있으면서 반일운동을 한 이상설이나 의병장으로서 싸웠던 이범윤·유인석과는 달라서 모국과는 격절된 지 오래이며 망국의 비운에 대한 통분도 국내 사람들과는 감도가 달랐다.

이제 그러한 사람들, 반쯤 러시아화되었거나, 조국을 망각하게 된 비의식 대중을 반일애국의 노선으로 끌어들이기 위해서는 그들 자신의 생활문제와 민족적 각성을 결부시키는 것이 옳은 방향이며, 또한 그러한 목표의 민족운동은 러시아 정부로서도 진심으로 환영할 수밖에 없었다. 그것은 현실적으로나 궁극적으로나 러시아의 국가 이익에 부합되었기 때문이다.

바로 이 점이 이상설·이동휘 등의 권업회가 포착한 주, 객관성이었던 것이다. 그러나 이 조직도 3년간의 활동 끝에 한족회가 해산된 것과 같은 이유로 1914년에 해산되고 말았다. 러시아 정부의 전시정책은 단체활동을 일률적으로 금지한 것이다.[1]

권업회는 "회명을 권업회라 함은 왜구의 교섭상 방해를 피하기 위함이오 실제 내용은 광복사업의 대기관으로 된 것이다."[2]라는 설명대로 독립운동의 기관으로 설립하고 활동하였다. 권업회는 형식상 총회에서 추대한 총재단(수총재 유인석, 총재 이범윤·김학만·최재형·최봉준)이 있었으나, 의회議會라고도 불린 의사회에서 모두 업무를 관장하고 실무를 집행하였다.

1911년 11월 총회에서 선출된 의사회 의사원은 이상설·이종호·김익용·김金 니콜라이 이바노비치·이민복·김성무·윤일병·김만송·송병환 등이었고, 이중에서 이상설은 의장, 이종호는 부의장, 김익용은 총무, 김 이바노비치는 재무(회계), 이민복은 서기에 각각 선임되었다. 권업회는 간도 지방에서까지 민족운동가들이 참여하고, 국치 이후 국내에서 다수의 독립운동가들이 이곳으로 망명하면서 세가 급속히 확대되었다.

이와 같은 든든한 인적구조에서 권업회는 국권회복의 방략으로 여러 가지 사업을 폈다. 수백 호의 한인을 모아 집단 이주지를 곳곳에 만들고, 독립운동가 양성을 위해 신한촌의 한인학교를 확대 신축하는 한편 한인 마을 여러 곳에 새로 학교를 세워 민족교육을 실시하였다.

1912년에는 기관지로 『권업신문』을 창간하여 항일투쟁의 매체로 삼고, 1914년에는 중국 지린성 왕청시 나자구羅子溝에 독립군 장교 양성을 목적으로 사관학교인 대전학교大甸學校를 세웠다.

권업회는 총회와 의사부에서 의결된 사업을 집행하는 집행부를 두었는데 집행부서의 면모를 통해 이상설이 주도한 권업회 사업의 실상을 어느 정도 짐작할 수 있다.

의장이 총람하고 총무가 사무를 총관하는 이 집행부는 마치 국무國務를 분담하듯이 다음과 같은 13개의 부서를 두고 각 부서는 부장과 2명의 부원을 두어 업무를 분담하였다. ①

신문부(총무:한형권, 부장 겸 주필:신채호), ②교육부(부장:정재관), ③실업부(부장:최만학), ④경찰부(부장:홍범도), ⑤외교부(부장:김병학), ⑥검사부(부장:최문경) ⑦통신부(부장:김치보),⑧기록부(부장:이남기), ⑨구제부(부장:고상준), ⑩종교부(부장:황공도), ⑪경제부(부장:차석보), ⑫서적부(부장:김좌두), ⑬연론부(부장:이범석) 등이다.

이들 각 부에서 분담 진행하는 사항은 어떤 것이든지 의사부에 제출하도록 하여 의사부 우위의 운영체제를 확립하였다. 권업회는 두 차례에 걸친 총회에서 이와 같은 중앙조직을 끝내자 곧이어 한인이 많이 거주하는 연해주 각 시, 각 지방에 걸쳐 지회와 분회사무소를 설치하여 한인사회를 효과적으로 조직하였다.

현재까지 알려진 지회는 니콜리스크·우스리스크·하바로프스크·니콜라예프스키·흑룡강·이만 등의 시市와 노우키예프스키·우리지비로 알렉산드롭스크·띠우젬·그로제코프 등 지방과 아누치노 및 바라바시 지역까지 결성되었다. 이와 같이 결성된 지회도 중앙조직과 유사하게 3명 내지 9명의 의사원을 선출하여 구성하는 의사부를 두고 그 의장이 지회를 대표하는 지회장의 역할까지도 겸임하였다. 그밖에는 총무·재무·서기·검사 등의 부서와 임원을 두었다.

권업회의 일반 회원자격은 회칙에 따르면 신앙·남녀·교육에 구별 없이 21세의 성년에 달한 자면 누구나 입회할 수 있도록 되었다. 그러나 실제에 있어서는 엄선하여 입회시켰다고 생각된다. 회원이 되는 절차는 먼저 3명 이상의 보증인이 연서한 입회원서를 의사부에 제출하여야 하고 의사부는 입회원서 제출자가 50명에 달하면 정기총회나 임시총회라도 소집하여 그곳에서 결의를 거쳐야 입회를 허가했다.

그리고 입회허가를 받은 회원은 의사부 의장이 주재하는 엄숙한 절차의 입회의식을 거쳐야 회원으로 행세할 수 있었고 그것도 회칙준수와 회비납부 등의 의무를 지켜야 되도록 규제되었다. 이와 같은 회원선별을 위한 절차와 의식은 결국 권업회의 종지를 준수하여 조국독립운동에 헌신할 인물을 규합하여 구성하였음을 의미하는 것이라 하겠다.[3]

권업회는 『권업신문』의 발행 등으로 회세가 크게 확장되어 회원이 1913년 10월에는 2,600여 명. 1914년에는 8,579명에 달할 만큼 노령과 만주일대 교민들이 대거 참여하였다. 대표적인 사업의 하나는 『권업신문』의 발행이었다.

신채호 등이 참여한 '권업신문' 창간

권업회의 기관지로 1912년 5월 5일 창간호를 낸 『권업신문』은 이상설의 주도로 러시아 지역에서 발행된 대표적인 민족지다. 권업회는 『권업신문』을 발행하기 전부터 단체의 홍보와 회원간의 친선 그리고 교민들의 민족교육을 목적으로 『권업보勸業報』를 간행하였다. 이상설은 이를 위해 국내에서 『대한매일신보』의 주필로서 필명을 날린 신채호 등을 초빙하였다. "『권업보』는 시베리아의 구석구석에 있는 한인마을에까지 보급되고 북간도와 국내에까지 전파되어 민족의식 고취에 큰 구실을 했으며, 노어판도 만들어 러시아 사회에도 보급시켰다."[4]

연해주의 한인들은 1908년 2월 처음에는 교포신문 『해조신문海潮新聞』을 창간하여 민족의식의 함양과 교민사회를 대변하다가 운영상의 역경을 극복하지 못하고 62호를 마지막으로 문을 닫았다. 같은 해 11월 『대동공보大同公報』가 창간되어 민족지의 역할을 하다가 일제의 압력을 받은 러시아 당국의 발간금지 조치로 1910년 8월에 폐간되었다.

이어서 1911년 5월 러시아 정부의 허가로 『대양보大洋報』를 창간하여 격렬한 항일논조를 펴고 성명회의 취지서를 게재하는 등 역할을 하다가 내부의 의견 차이를 극복하지 못한 채 7호까지로 막을 내렸다.

『권업신문』은 이와 같은 환경 속에서 1912년 5월 5일 신문 발행인으로 러시아인 주고프를 선정하고 러시아 당국의 인가를 받아 창간되었다. 신문부장으로 한형권이 선임되었다가 1913년 10월 6일자로 사장 겸 주필에 이상설이 취임하였다. 러시아인을 발행인으로 한 것은 한말 국내에서 『대한매일신보』를 발행할 때 영국인 베델을 옹립함으로써 일제의 탄압으로부터 보호하고자 하는 시도와 같은 것이었다.

신문의 판형은 석판이고 주1회 1,400부씩 4면으로 일요일에 발행하였는데 순한글로 간행되었다. 창간 당시 주필은 『권업보』의 주필이었던 신채호가 맡고 최병숙·윤해·김하구·장도빈 등이 경영과 논설위원 등으로 참여하였다. 신채호가 1912년 8월 국치 2주년을 맞아 쓴 「시인是日」이란 논설에서 『권업신문』의 논지를 읽을 수 있다. 이상설의 생각이기도 했을 것이다.

> 비재悲哉 단군개국 4245년 8월 29일 시일是日에 아 4천년의 역사가 단절되고 3천리 강토가 멸망하여 2천만 동포가 노예가 되니, 천지일월이 암담하고 산천초목은 자연히 비수하여 전도의 광명이 일거에 장거葬去된 바와 같도다. 차일此日에 적주 목인睦仁이 사내정의寺內正毅를 파견하고 수만의 왜병을 배치하여 매국노 이완용·송병준 등을 농락하여 병합을 선언하니 아 조국의 황실을 신臣으로 하고 아 민족을 구축하여 강학講壑에 함몰시킨 것과 같도다. (…)5

『권업신문』 역시 러시아 지역은 물론 만주와 국내에까지 비밀루트를 통해 보급되면서 국내신문이 하지 못한 항일논조를 격렬하게 펴고, 해외 교민들의 민족정신을 함양하는 데 크게 기여하였다.

『권업신문』은 일제가 러시아 정부에 압력하여 1914년 8월 30일 제126호를 마지막으로 문을 닫게 되었다. 일제는 눈엣가시와 같았던 『권업신문』을 폐간시키고자 러시아 정부에 갖은 압력을 다 했다. 이상설은 신문을 지키고자 노력했으나 러·일 두 정부의 협력구도에서 역부족이었고, 주필이었던 신채호는 상하이로 떠났다.

이상설의 광복운동은 날이 갈수록 장애가 겹쳤다. 제1차 세계대전의 발발과 함께 러시아와 동맹국이 된 일제의 군경은 이때까지 한인독립운동의 전진기지 역할을 해온 블라디보스토크에까지 들어왔다. 따라서 탄압과 방해가 날로 더했다.

내부갈등과 사이비 애국자들

연해주의 한인사회는 차츰 출신 지역을 바탕으로 파벌이 형성되어 국권회복운동보다 파벌이기주의가 세를 얻어갔다.

국치를 전후하여 시베리아의 한인은 20여만 명을 헤아리게 되었다. 그러다보니 지방색과 더불어 다양한 인맥이 형성되고 내부갈등까지 겹쳐 동포들을 분열·이간시켰다.

을사년을 전후하여 항일망명자와 남북에 걸친 이민이 늘어났는데, 가장 많은 비율이 함경도 출신이요 그 다음이 평안도, 그리고 나머지가 남한 출신이었다. 사상적 측면에서 이들은 이주의 전후에 따라서 본국에 대한 민족국가 관념의 차이가 컸고, 남도 출신과 북도 출신의 지방색 대립은 보다 격화되었다. 게다가 그들은 러시아 제1차 혁명의 3년 풍진을 겪고난 사람들이었으므로 러시아 민중을 지배한 것이 제정帝政 반대의 사회민주주의임을 알고 있었다.

말하자면 사상적으로 어지간히 혼탁된 한인사회였던 것이다. 여기에 당장 국내진공을 주장하는 의병들도 섞여서 어느 모로 보나 단결되기 어려운 한인사회를 이루었다.[6]

선생은(…) 북부사람들을 융화시켜 독립운동을 전개하려고 노력했다. 그런데 함경도에서 노령 블라디보스톡으로 건너온 북부사람들은 우리나라 남부에서 건너온 남도인들과 상종하기를 꺼려하고 자기들끼리만 협조하는 등 지방색이 강해 동족간에 종종 알력을 빚었는데, 이상설 선생은 이들을 단합시켜 노령에서 국권회복운동을 전개하고자 꾀했던 것이다.

이상설 선생은 동족간의 융화를 다지기 위한 방책으로 중매를 서서 남부 출신의 남자와 함경도 출신의 여자를 결혼시키기까지 했다. 그러나 이상설 선생의 이러한 노력에도 불구하고 남도인에 대한 함경도인의 적대감은 해소되지 않았으며, 선생은 조국을 잃고 이역으로 흘러온 동포들이 서로 다투는 것을 보고 울분을 억누르지 못해 위트카를 마시고 취하면 한인촌을 한바퀴 돌며 스스로 심사를 달래곤 했다.[7]

러시아 당국은 일본과의 마찰을 피하기 위하여 이상설·이범윤·김좌두·이규풍 등 독립운동 지도자 7명을 체포하여 이르쿠츠크로 추방하였다. 이 사실로 미루어 보면 이상설의 성명회 동지는 그와 동시에 체포된 이범윤 등으로 생각된다. 성명회는 이상설 등의 체포, 투옥, 추방으로 긴 활동을 하지 못하고 단명으로 끝나고 말았다.

러시아 당국은 일본의 강요에 못 이겨 일단 그러한 조치를 취하기는 했으나 어디까지나 본의는 아니었기 때문에, 또는 이상설에 대한 예우를 위해서도 곧 석방하였는데, 이것은 1911년의 일이다. 이르쿠츠크에서 석방된 이상설은 다시 블라디보스토크로 돌아왔다.

그는 여기서 옛 동지들과 더불어 내외정세를 검토하면서 다시금 기회를 노렸으나 이때는 벌써 그 자신의 자력資力이 없었다. 원래 이상설은 명문부자였으나 조국을 떠날 때에 자재를 모조리 매각하여 그 돈으로 그때까지 공사간에 소비하여 왔기 때문에, 이무렵에 이르러서는 그 자신이 경제적 곤란을 받게 되었다. 게다가 이상설을 찾아오는 그곳의 인사들은 각양각색으로서 도무지 의견이 맞지 않았다.[8]

이상설은 날이 갈수록 동포간의 불협화음이 심해지고 여기에 지역색이 심화되자 1913년 5월 신한촌의 한 교포 집에서 이동휘·이종호·이강·이갑·정재관 등과 모여 "조국의 부흥을 보기 전에 사당을 만들어 동포를 상호 반목시키는 자는 동지가 함께 단결하여 군부君父의 원수로 삼는다"는 결의를 하였다.

『권업신문』의 주필직을 사퇴하고 활동을 중단하고 쉬고 있었던 이상설이 결정적으로 권업회, 대한광복군정부와 일체의 관계를 단절하게 된 것은 하바로브스크에서 발행되고 있던 러시아 신문에 이상설에 관한 기사가 보도된 1913년 12월 초순경이었다. 이 신문은 이상설이 "최근 일본인의 간계에 속아 동지同志 신문인 주필을 그만두고 러시아 및 재외선인在外鮮人의 내정內情을 일본인에게 밀고하려는 것"이라고 보도했던 것이다. 결국 이상설은 이 보도기사에 크게 놀라서 자신의 신변에 대한 우려와 함께, 이 무고행위가 이종호의 간계에 의한 것이라고 분개하고 "장래 북파와는 화해하지 않을 것이라고" 하면서 곧바로 하바로브스크로 떠나가고 말았다.[9]

이상설은 아무런 변명도 하지 않고 일체의 공직을 내놓고 블라디보스토크를 떠나 하바로프스크에서 한의업을 경영하는 장호문의 집으로 거처를 옮겼다.

이때 비창한 단시를 남겼다.

> 나라를 잃어 나라를 울고
> 집을 떠나 집을 울고
> 이제 몸 둘 곳조차 잃어
> 몸을 우노라.[10]

권업회의 활동은 1914년 8월 창설된 지 3년 만에 1차 세계대전의 발발과 함께 러시아 당국이 일체의 정치·사회활동을 중지시키면서 표면적으로는 중단되었다. 이때 이상설의 나이 44세, 아직 한참 일 할 연세이지만 정신적으로 육체적으로 많이 쇠약해져 갔다. 10년이 넘은 망명생활의 고초와 국치, 여기에 동포들의 분열상과 갈수록 일제에 유리하게 전개되는 국제정세 등이 그를 더욱 피로하게 만들었다.

10장

국권회복운동의
마지막 투혼

대한광복군정부 수립, 정도령에 선임

　이상설은 날이 갈수록 불리해지는 국제정세와 갈등이 심화돼 가는 교민사회의 난관 속에서 새로운 국권회복의 조직을 모색하였다. 그런 중 1914년 7월 28일 발발한 제1차 세계대전은 러시아 한인 독립운동가들의 활동을 묶는 족쇄가 되었다.

　러시아와 일본은 1911년 6월 1일 '러일범죄인인도조약'이란 것을 체결하였다. "정치상 제도 기관 또는 공공의 안녕에 반항하여 인심을 선동하고 또 음모를 계획한 근거지로서 사용하는 것을 방지하기 위하여 사정이 허락하는 한 필요한 조치를 취한다"는 내용이 담겼다. 일제가 재러 한국 독립운동가들을, 러시아는 일본에 있는 자국의 정치적 망명가들을 탄압하고자 하여 체결한 조약이다.

러시아 정부는 그동안 한인 독립운동가들을 음으로 양으로 지원해왔다. 러일전쟁에서 패배한 자국을 대신하여 한인들이 싸워준 데 고마워 한 것이다. '이이제이以夷制夷'의 전략이었다. 그런데 이제 국제정세가 바뀌면서 양국은 동맹국이 된 것이다.

제2차 대전이 발발하기 전 한인 독립운동가들은 러일전쟁 10주년이 되는 1914년에 러시아 정부가 10년 전의 패전을 설욕하는 대일 보복전에 나설 것을 기대하였다. 실제로 시베리아 주둔 러시아군 측에 의해 그 같은 소문이 나돌았다. 아무르철도의 준공이 그해 말에 예정되어 있어서 소문을 뒷받침해주었다. 중앙의 대규모 병력이 철도를 통해 이동할 것으로 기대한 것이다.

1914년은 러일전쟁 10주년이자 한인의 시베리아 이주 50주년이 되는 의미 깊은 해였다. 이상설은 이같은 시점을 노려 대한광복군정부大韓光復軍政府를 수립하여 러시아와 함께 대일전을 펴고자 하였다. 이상설은 이동휘·이동녕·이종호·정재관 등 민족운동 지도자들과 권업회 조직을 기반으로 연초에 신한촌에서 대한광복군정부를 수립하고 자신은 정도령正都領, 이동휘는 부도령에 선임되었다.

대한광복군정부는 권업회가 양성한 광복군을 기반으로 하고 13도의군 → 권업회 등으로 이어지는 기간조직을 정부조직으로 확대개편하였다. 또한 이상설의 개인적 역량이 외국 땅에서 광복군정부를 수립할 수 있었던 자산이 되었다.

이상설은 이 지역에서 막강한 권한을 가진 러시아의 콘지 다스지 극동총독과 우호적인 관계를 유지하였다. 총독은 망 명객 이상설의 능력과 인품을 존경하여 여러 가지 편의를 봐 주었다. 시베리아 동북 레나 강 상류에 넓은 군영지를 무상 으로 조차하고 군대의 막사와 교관까지도 러시아 당국에서 제공해주기로 약속하였다.

다만 소총과 소경구포 등 무기류는 상급기관의 소관이어 서 무상으로 지원받을 수 없었다. 그 대신 총독은 이상설에 게 매달 100원씩의 생활비를 수년 동안 지원해주었다. "이 에 대해 이상설은 콘지다스지 총독에게 출중한 고문이 되어 주었다. 이상설은 때때로 그의 해박한 지식과 예리한 판단으 로 열강의 극동정책과 일본의 팽창정책의 득실을 콘지다스 지에게 들려주었고, 국제정세의 변화에 대한 그의 견해를 설 명하기도 하였고, 무엇보다 한국독립의 지원을 청하기도 하 였다."[1]

이와 같은 위치에서 이상설은 동지들과 더불어 대한광복 군정부를 수립하고 군사체제를 중심으로 일제와의 대회전을 준비하였다.

그렇게 회會(권업회)가 대진행한 중에 기원 4247년 갑인(1914)에 제하여 아국俄國 경성으로부터 각 지방을 통하여 아일전쟁(러일전쟁) 10년 기념회 된 결과로 복수열이 절정에 달하여 다시 개전될 조짐이 비조비석非朝非夕에 재함에 이상설·이동휘·이동녕·이종호·정재관 제씨 주모로 아중俄中(러시아와 중국) 양령에 산재한 동지를 대망라하여 대한광복군정부를 조직하고 정도령을 선거하여서 군무를 통일케하니 첫째는 이상설 씨요, 그 다음은 이동휘 씨가 되앗섰다. 군대를 비밀리에 편성하고 중령中領 나자구에는 사관학교까지 설設하였으며…².

3·1혁명 이후 국권회복을 위해 국내외에서 몇 개의 임시정부가 수립되었다. 1919년 한성정부와 상하이 임시정부가 대표적이다. 블라디보스토크에서 수립한 대한광복군정부는 이들보다 5년 앞서 노령과 만주 지역의 독립운동가들에 의해 수립된 국망 이후 최초의 임시정부(망명정부)인 셈이다.

광복군정부는 중국과 러시아 양령의 한인 연합대표회를 블라디보스토크에서 개최하고 건립한 비밀조직으로 당면 목표를 일조 유사시 민활한 군사적 활동을 효과적으로 수행하기 위하여 광복군을 편성하고 있던 연해주와 서북간도에 3개 군구軍區를 설치하였다.

정부 소재지인 연해주에 제1군구를 두고 북간도를 제2군구, 서간도를 제3군구로 확정하였고 모든 광복군의 통제 지휘는 정도령이 맡아 행사하도록 하였다.[3]

러시아 정부에 해산 당한 첫 임시정부

대한광복군정부의 조직과 활동 등은 곧이어 발발한 제1차 세계대전으로 러시아 정부에 의해 강제로 해산됨으로 하여 자세히 알려지지 않고 있다. 다만 일제 군경의 정보자료에 3개군구의 설치와 병력 등 일부 자료가 남아 있다.

시베리아 지역 29.365명, 창탄 13.000병 목하 훈련중, ○ 길림지역 260,000명 창탄 소유함, ○ 무송지역 5,300명, 그중 강계江界 포수 4,607명, 그밖에 해산군인 693명, ○ 왕청현 지역 19,507명, 그중 산포수 19.000명, 나머지 해산군인 320명 또한 그밖에 학생 신식창급탄 있음. ○ 통화·회인·즙안현 25세 이상 30세 390,073명이며, 현금 야반집대훈련 구식, 신식 장탄 있음. ○ 미주지역 855명 학생 교관포함.[4]

대한광복군정부는 군대편성과 훈련을 중점 사업으로 추진하였다. 시설은 기존의 대전학교 등을 활용하였다. 대전학교의 군가 가사에서 학도들의 호국열정을 찾게 한다.

1. 백두산과 넓고 넓은 만주뜰들은
   건국영웅 우리들의 운동장이요
   거름 거름 대를 지어 앞을 향하여
   활발히 나아감이 엄숙하도다.

2. 대포소리 앞뒤산을 둥둥 울리고
   총과 칼이 상설같이 맹렬하여도
   두렴 없이 악악하는 돌격소리에
   적의 군사 공겁하여 정신 잃는다.[5]

대한광복군정부의 책임비서 역할을 하고 훗날 임시정부에서 활동했던 언론인·역사학자 계봉우의 기록이다.

그 당시에 제1차 세계대전이 발발하지 않았다면 러시아에서 일본에 대한 복수열이 조만간 일어날 기미가 보이었던 것이다. 그래서 조선인은 중아中俄 양령의 연합대표회를 해항海港에 소집하고 '대한광복군정부'라는 비밀조직이 있게 되었다.

군사적 행동의 필요가 있는 경우에는 민활한 수단을 취하기 위하여 중아 양령을 3개의 군구로 분정하였는데 아령은 제1군구로, 북간도는 제2군구로, 서간도는 제3군구로 지정하였다.

거기에 대한 통제권은 정도령에 파악하였고 그 직위에는 이상설이 당선되었나니, 이것은 군사적 통일기관을 형성함에만 깊은 의의가 있을 뿐이 아니다. 재래의 분파심, 자세히 말하면 기호파니, 서도파니, 북도파니 하는, 그런 지방적 편견을 아주 근절하려는 거기에 더욱 의의가 있었던 것이다.[6]

대한광복군정부는 얼마 후 정도령에 이동휘를 선임하였다. 이동휘는 구한국무관학교 출신으로 안창호 등과 함께 신민회·서북학우회의 활동을 하고 1907년 의병을 일으키려다 일제에 피검되었다. 1911년 데라우치 총독암살미수사건 관련으로 1년간 투옥되었다가 출옥 후 망명, 만주·시베리아를 오가며 항일투쟁을 전개하였다.

이상설은 대한광복군정부가 군사노선을 주축으로 수립되고 정도령이 군무책임을 맡게 되어서 자신보다 무관 출신인 이동휘가 적격이라고 판단, 그에게 정부의 최고책임을 맡겼다.

　대한광복군정부가 지도체제를 갖추어 나가는 와중에 제1
차 대전의 발발과 함께 러시아 정부의 탄압으로 1914년 8월
에 이르러 더 이상 활동을 하지 못한 채 막을 내리고, 이동휘
는 대한광복군정부 소재지를 간도 방면으로 은밀히 옮겨 활
동을 이어갔다.

상하이에 신한혁명단 창설, 본부장에

　이상설의 길지 않은 생애에서 조국광복운동의 마지막 투
혼이 서려 있는 일은 신한혁명단의 창설이다. 러일동맹과 제
1차 대전으로 전시체제가 된 러시아에서는 더 이상 국권회복
운동이 불가능하다고 판단한 이상설은 방략을 바꾸었다.

　이상설뿐만 아니라 만주와 러시아 지역에서 독립운동을
하던 다수의 한인 애국자들은 유럽에서 발발한 제1차 대전이
독일에 유리한 국면으로 전개되고, 중국과 일본이 전쟁을 하
게 되면 한국의 독립이 가능할 것이라는 나름의 희망적인 전
망을 하게 되었다. 그 무렵 일본이 독일에 선전포고를 하고
중국에 21개조 요구를 제시하는 등 중국 침략의 의도를 보이
고 있었다.

이같은 상황에서 비교적 활동이 자유롭고 교통의 요충지인 상하이를 새로운 독립운동의 거점으로 택한 이상설은 1915년 3월경 상하이로 건너왔다. 이곳에서는 이미 박은식과 신규식 등이 영국조계에서 배달학원을 설립하여 독립운동을 하고 있었다.

때를 같이하여 중국 청도에서 조성환, 베이징에서 성낙형, 시베리아에서 유동열, 국내에서 유홍열과 이춘일 등 민족운동가들이 속속 상하이로 모였다. 사전에 비밀리에 연통한 것이다. 뜻을 같이한 이들은 신한혁명단을 조직하고 본부장에 이상설, 감독에 박은식을 선임하였다. 신한혁명단의 조직체계는 다음과 같다.

신한혁명단 본부와 지부[7]

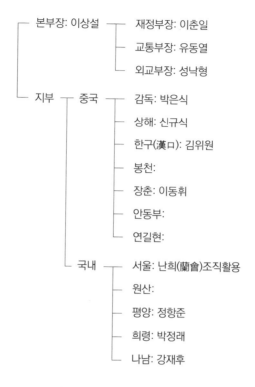

- 본부장: 이상설
  - 재정부장: 이춘일
  - 교통부장: 유동열
  - 외교부장: 성낙형
- 지부
  - 중국
    - 감독: 박은식
    - 상해: 신규식
    - 한구(漢口): 김위원
    - 봉천:
    - 장춘: 이동휘
    - 안동부:
    - 연길현:
  - 국내
    - 서울: 난희(蘭會)조직활용
    - 원산:
    - 평양: 정항준
    - 희령: 박정래
    - 나남: 강재후

신한혁명단은 본부를 베이징에 두고 활동을 시작했다. 베이징에 본부를 둔 것은 위안스카이袁世凱의 베이징 정부와 교섭하여 대일투쟁을 강화하려는 전략이었다. 신한혁명단의 요인들은 장차 동맹을 맺게 될 중국과 독일이 모두 군주정치를 표방하는 것을 고려해 구황실의 광무황제를 당수로 추대하고자 하였다. 국제사회의 대세는 공화주의 쪽으로 가고 있었지만 우선 목적달성이 유리한 방법을 모색하고자 하는 편의적인 방략이었다.

신한혁명단의 주된 활동은 유사시 한국독립전쟁이 발발할 경우 그 수행에 필요한 군비를 정비해 두는 것과 외교적 측면에서 독일의 보증하에 중국과 군사원조동맹인 「중한의방조약中韓誼邦條約」이란 밀약체결계획을 세웠다. 이는 제1차 대전이 독일의 승리로 끝날 것이라는 예견하에서 전후 한·중·독의 연합방식으로 일본을 응징하려던 방안이었다.

광무황제를 당수로 추대하고 군주정치를 표방한 방략에서 신한혁명단은 일개의 독립운동단체가 아니라 독일·중국과 동맹을 맺고 일본에 대한 독립전쟁 수행을 위해 한국을 대표하는 정부적인 성격의 단체로까지 발전시키려 한 의도였다. 독립전쟁 수행을 위한 무장준비계획은 군비준비와 국내 국경지역 진공계획수립으로 이루어졌다.

이 계획은 구주전쟁에서 독일이 승리한 뒤 동양으로 진출하면 일본에 대한 공격이 시작되며 이 경우 연합체제가 구축될 것이므로 우리의 독립군도 각국과 연합체제가 구축될 것이므로 우리의 독립군도 각국과 연합해 독립전쟁을 치러야 한다는 전제에서 마련된 것이다. 전쟁수행에 필요한 군비의 조달은 기존에 정비되어 있던 대한광복군정부의 독립군과 무기 등을 기반으로 보다 신속히 조성될 수 있던 것이 아닐까 추측된다.[8]

국제정세 변화로 신한혁명단 좌절

이상설은 중국과 조약체결을 위해서는 광무황제로부터 전권을 위임받는 일이 급선무라고 판단하고 성낙형 등을 국내로 파송하여 고종을 만나도록 하였다.

성낙형은 정권 위임의 밀지를 받기 위해 국내 잠입을 결행하고 국내 잠입에 앞선 선무공작으로 국내 당원인 변석붕에게 이 거사를 도모할 동지를 규합하도록 미리 통지하였다. 1915년 7월 초 성낙형과 중국 한터우지부장 김기원은 밀약안을 가지고 국내로 잠입하여 평양을 거쳐 서울에 도착하였다.

성낙형은 변석붕과 비밀리에 접촉하여 구체적인 세부 활동과 방향을 협의하였는데, 사전에 통지를 받고 준비를 어느 정도 진척시킨 변석붕의 활약으로 마침내 광무황제에게까지 계획이 전달되고 성낙형이 조약안을 가지고 알현해 조약체결의 위임을 위한 밀지를 받는 일만 남게 되었다.

그러나 성낙형이 「중한의방조약안」을 가지고 알현하기 직전 일제 측에게 발각되어 본부에서 파견된 당원 및 국내활동원 모두가 체포되었다. 일제는 이들을 '보안법 위반사건'으로 묶어 재판에 회부하였다. 모든 당원의 체포로 계획은 무산되었으나 신한혁명단의 외교부장이 국내에 잠입해 활동을 신속히 전개하여 단시일에 광무황제에게 계획이 전달될 수 있었던 것은 국외의 당본부와 국내조직간의 긴밀한 상호연계체제가 구축되었기 때문이었다.

신한혁명단이 「중한의방조약」 체결을 위한 준비로 국내에서 전개했던 계획은 당원들의 체포로 성사 직전에 실패하고 말았으며, 이후에는 활동이 중지된 것으로 미루어 당 조직자체도 무산된 듯하다.[9]

이상설의 마지막 광복운동사업이었던 신한혁명단의 활동은 국제정세의 역전과 일제의 식민지배체제, 그들의 정보력 앞에 허무하게 무너지고 말았다. 국내에 들어온 혁명단 간부들은 많은 동지들을 얻고 "7월 26일에는 염덕신 내관을 통해 덕수궁 성녕전에서 1차로 이상설·성낙형 등이 국권회복을 위해 추진하는 내용의 서찰과 관계 서류를 전했다. 이어 외교부장 성낙형은 고종과 만나자는 약속까지 하였다."[10]

예상과는 달리 제1차 대전에서 독일이 밀리고 일본이 속한 연합군이 승세를 장악해나갔다. 국내에 파송된 독립운동가들은 모두 일경에 검거돼 혹독한 고통을 겪어야 했다. 일제는 1915년 이른바 '보안법위반사건'이라 하여 이 사건 관계자들을 모두 검거하고 보안법으로 다스리면서, 이상설의 계획은 좌절되고 말았다.

신한혁명단은 그토록 어려웠던 상황에서도 중국 정부와 맺고자 한 19개조의 조약(초안)에서 "한국혁명의 성공 후 중국은 한국의 내정에 용훼하지 않을 것. 단 의방의 의무로서 세관 혹은 철도 등의 사업에 관하여 기수 혹은 번역원을 고양할 사(제11조)" 등 민족적 자존과 이익을 확고히 마련하고 있었다.

한 연구가는 신한혁명단의 역할과 역사적 의미를 다음과 같이 분석·정리한다.

신한혁명단의 독립운동방략은 첫째는 민족독립을 위해 실리적인 방략을 중시하여 공화주의를 포기하고 보황주의적 노선을 채택하였다. 동맹국이 될 독일과 중국과 같은 제정帝政을 표방하고 광무황제를 당수로 추대하였다. 물론 이 경우 복벽적이라기보다는 입헌군주적 제정을 의미하는 것이었다.

신한혁명단 계획의 실패 이후 복벽주의나 보황주의적 방략은 그 자체의 한계로 더 이상 독립운동방략상 주된 노선이 될 수 없었다.

그리하여 1917년 「대동단결선언」 단계에 이르면 공화주의노선이 독립운동의 이론으로 정립하게 되는 진척을 가져왔다.

둘째는 신한혁명단이 독립운동의 중추기관으로 정부의 조직을 주장하였던 것이다. 여기서 정부가 어떤 형태라는 설명이 없어 정확한 파악은 어렵지만 국내·외 간 외수내응外受內應의 효과적 독립운동을 추진키 위한 중추기관으로 정부를 조직해야 한다는 방향제시에 그 역사적 의미가 있었다.

이는 신한혁명단 이후 1917년 「대동단결선언」에서 통일된 최고기관인 정부의 수립을 위한 보다 구체적이고 체계화된 실시방법을 제시할수 있는 단계로 발전하는 데 초석이 되었다.

비록 계획으로 그쳤지만 제1차 세계대전이란 급격한 상황변화 속에서 각지의 운동역량을 통합·재정비하여 연합조직을 추구한 점과 타국과의 국제적인 협약체결을 계획하여 외교적인 면만이 아니라 장차 정부수립의 가능성을 환기시켰다는 점 등에서 역사적 의의를 찾을 수 있다.[11]

윤병석 교수는 대한광복군정부를 신한혁명단으로 대체한 것으로 풀이하면서 이상설의 역할을 다음과 같이 평가한다.

대한광복군정부는 최초의 망명정부이며 그 이름만이 역사에 기록되게 된 것이다. 그러나 국내외 곳곳에서 활동하던 이상설의 수많은 동지들은 그동안 닦아오던 항일운동의 터전과 항일의 힘을 바탕으로 시베리아에서 서·북간도와 중국 대륙과 미주 대륙에서 쉬지 않고 이상설의 광복의지를 이어서 활동을 펴나간 것이다.[12]

11장

비통한 서거와 추모

1917년 48세로 망명지에서 순국

이상설의 생애에서 마지막 광복운동이 된 신한혁명단의 활동은 제1차 세계대전이라는 어지러운 국제질서에서 중국이 일본과 한국 문제로 엮이는 것을 주저하고, 국내에 파송되었던 밀사들이 일경에 모조리 검거되면서 좌절을 맞았다.

이즈음 이상설은 건강이 크게 악화되었다. 원래 건강 체질이 되지 못했던 그는 10년이 넘은 해외망명 생활과 국치의 아픔 그리고 거듭되는 국권회복 투쟁의 좌절로 인한 육체적·정신적 상처는 건강의 악화로 나타났다. 1916년부터 토혈이 거듭되면서 베이징을 떠나 지인들이 많은 러시아령 하바로프스크로 거처를 옮겼다.

동지들이 하바로프스크보다 기후가 온화한 니콜리스크로 옮겨 이민복의 집에서 정양하도록 하였다. 투병에도 효험이 없자 동지들이 비밀리에 고국으로 연락하여 부인과 아들庭熙이 와서 간호토록 하였다. 1906년 4월 18일 국권회복을 결심하고 고국을 떠난 지 10년 만에 가족과 재회한 것이다. 독립운동가들에게 상투적으로 따라붙는 '가사불고'로 인해 그동안 가족들이 입은 고통은 남편들에 못지않았다.

이상설은 부인의 지극한 간호에도 병환이 호전되지 않았다. 나날이 기력이 쇠하여 갔다. 그리고 마침내 1917년 3월 2일, 망명 10년, 국치 7년 만에 이상설은 부인과 아직 어린 아들, 그리고 이동녕·조완구·백순·이민복 등 동지들이 지켜보는 가운데 눈을 감았다. 48세를 일기로 파란 많은 통한의 생을 접었다.

이상설은 임종 직전 동지들의 손을 잡으며 간절한 유언을 남겼다.

동지들은 합세하여 조국광복을 기필고 이룩하라. 나는 조국광복을 이루지 못하고 이 세상을 떠나니 어찌 고혼인들 조국에 돌아갈 수 있으랴. 내 몸과 유품은 모두 불태우고 그 재마져 바다에 날린 후 제사도 지내지 말라.

동지들은 유언대로 시신을 화장하여 수이푼 강에 그 재를 뿌렸다. 혼백은 강물과 함께 바다로 나가고 다시 흐르고 흘

러 꿈에도 그리던 고국땅 동해안 어느 지점에 닿을 것이었
다. 유품도 화장하여 함께 뿌렸다.

선생은 명목瞑目하실 때 유언으로 선생의 유품은 하나도
남김없이 모두 불태우고, 선생의 유해마저 다비茶毘에 부치
라고 하셨다. 이때 동지들의 비통은 지필로 형언할 수 없는
것이었으며, 러시아의 헌병들도 화장 장소 주변을 경호하
면서 동지들의 애통을 보고는 참으로 위대한 인물이 가셨
다고 탄식하더라는 이야기를 고 조완구 선생이 어느 때엔
가 필자에게 말씀한 일이 있었다.[1]

유족으로 부인 달성서씨
는 남편이 사망한 뒤 일제의
혹심한 감시를 받아 가며 여
생을 외아들과 쓸쓸히 보냈
다. 한때 남편의 고향인 진
천읍 내리에서 살기도 하였
으나 서울로 올라가서 광복
을 보지 못하고 별세하였다.
외아들 정희는 한때 언론
계에 관여하였으나 일제의

충북 진천 산척리에 1957년 건립된
이상설 유허비

감시를 받으며 힘겹게 살다가 1948년 50세로 세상을 떠났다. 슬하에 세 아들을 두었으나 6·25전란 중에 모두 행방불명이 되었다.

이상설 선생의 임종과 관련 증언이다.

이동녕 선생 말에 의하면 이상설 선생의 임종 당시에 13명의 동지가 모였는데, 이상설 선생의 마지막 유지遺志는 "우리 나라에 (국권) 회복할 기회가 올 것이니 모두들 낙망 말고 분발하라"는 것이었다고 한다. 임종을 지켜본 동지 중의 한 분이 선생의 유품과 저작한 원고들은 어떻게 했으면 좋은가 하고 묻자, 선생은 "모든 것이 미완성이며, 또 내가 후세에 무슨 면목으로 무엇을 끼칠 수 있겠는가? 오히려 우리 동포들에게 미안할 따름이다. 모든 것을 이미 불태워 없애 버리고 말았다. 다만 지금 당장 남을 것은 나의 죽은 시체가 있을 뿐이니 이것마저 불로 태워 바다에 뿌려 주기 바라며, 행여나 죽은 찌꺼기를 조금이라도 남기지 말기를 원한다. 내 국토를 잃어버렸는데 어느 곳 어느 흙에 누를 끼치리오." 하고 눈을 감았다고 한다. 그리하여 동지들은 선생의 유지대로 화장으로 모시고, 분골은 바다에 뿌렸다고 한다.[2]

서거 소식이 전해지면서 상하이에서는 박달학원을 중심으로 추도식이 거행되었으며, 이 자리에는 조성환·박은식·백남파·신규식·조동우·인제호 등 수십 명이 참석했으며, 장부천張夫泉 등 중국혁명당 요인들도 참석하였다.

서거 소식과 각계의 추모물결

이상설 선생의 서거 소식은 태평양 건너 미주 지역 동포들에게도 큰 충격과 애도의 물결을 불러왔다. 앞에서 소개한 바 있지만 『신한민보』의 추모 기사를 다시 소개한다.

> 시베리아의 바람이 급하고 오소리강의 물결이 목매치니, 오호라 우리 공(이상설)이 길이 갔도다. 만리사절이 바다를 건널 때는 천년국장이 땅에 떨어진 날이라. 성패야 어찌 논하리요. 충의를 깊이 공경하노라. 공은 몸을 버렸거늘 우리는 몸을 보존하였으니 한 줌에 차는 눈물이 실로 공을 위로함이 아니요. 스스로 슬퍼함이로다. 지금 반도本國에 명월明月이 달렸나니 공의 영혼이 항상 임하소서.[3]

중국의 한 문인이 집필한 이상설 선생 관련 내용이다.

중국의 문인 관설재管雪齋가 집필한 『한국지사소전韓國志士小傳』(1939년, 중경 간)에서도 선생의 인간으로서의 범속한 경지를 초극한 위대함을 찬양하여 선생의 관념과 담담한 심회를 다음과 같이 표현하고 있다.

"저분의 평생에 저작이 퍽 많았는데, 어느 날 초고를 꺼내어 다 불태워 버리고는 말하기를, '인생이란 하늘을 나는 새와 똑같다. 아예 흔적조차 남겨 두지 않는다. 일장환경一場幻境이다. 하필이면 저 환경幻境을 가지고 실지와 같이 만들겠는가."

선생은 항상 염원을 이루지 못함을 괴로워하시고, 자신의 부족함을 자책하시며, 자기를 빛내고자 하시지 않을 뿐만 아니라 자기가 세상에 왔던 흔적조차 남기기를 원치 않으셨다.[4]

이상설이 시베리아에서 힘겹게 국권회복운동을 하고 있을 때 어느 날 죽마고우 이회영이 국내에서 찾아왔다. 그가 아직 망명하기 전이다. 이상설과의 한 '삽화'를 보게 한다.

1908년 여름에 선생(이회영-필자)은 몰래 블라디보스톡으로 나가 멀리 이상설을 방문하였다. 만리타향에서 옛 벗을 만나니 기쁨이 극에 달하여 슬픔이 일어났다. 북쪽 끝 바닷가 외로운 집에서 두 사람이 은근히 마주하고 조국 대사를 상의하니, 참으로 의협스러운 마음 속 얘기는 눈썹에 노을이 비낀 듯하였고, 호걸 영웅의 계책은 가슴 속에 너른 바다가 있는 듯 하였다.

이상설은 세계정세를 논하면서 말하였다. "러시아는 시베리아 철도에 쌍철雙鐵을 부설하고, 만주와 몽고의 국경에 많은 군대를 배치하며 군함과 병기를 서둘러 제조하고 있다. 이것은 모두 일본에 대한 전쟁 준비를 하는 것이다.

그리고 미국은 일본의 세력이 강성함으로 인하여 동양 진출에 장애가 되므로 그 세력을 좌절시키려고 모획謀劃하고 있다. 중국 또한 왜적을 원수 보듯 하며 절치부심하고 있으니 중국이 비록 약하지만 4억 인구를 쉽게 볼 수는 없을 것이다.

중국·미국·러시아의 일본에 대한 정세가 이와 같으니 조만간 또다시 동양에 전운이 일어날 것이다. 바라건대 우리 동포들이 먼 곳과 가까운 곳이 한 몸이 되고 내외가 서로 호응하며, 모든 국력을 저축하여 좋은 기회를 잡아 의로운 깃발을 높이 들면 조국 광복을 기약할 수 있을 것이다."

이상설의 이와 같은 말에 선생은 가슴 속이 시원하였다. 이에 두 사람은 운동 방책을 신중히 토의하여 다음 4가지 항목을 대강 결정하였다.

1. 지사들을 규합하여 국민 교육을 장려할 것.

2. 만주에서 광복군을 양성할 것.

3. 비밀 결사를 조직할 것.

4. 운동 자금을 준비할 것.

이와 같은 의논을 마치고 나서 이상설은 선생의 손을 잡고 다시 말하였다. "나는 헤이그 밀사의 일로 고국 강산에는 한 발자국도 들어가지 못하게 되었다. 이후로 나는 구미 등지를 두루 다니면서 이 한 몸이 다 부서지도록 외교에 전력하여 나라를 일으키는 사업을 돕겠으니 그대는 국내의 일을 담당하고 정성을 다하고 부지런히 애써 우리 광복의 큰 뜻을 달성하기를 기축祈祝한다."

선생은 듣고 나서 개연히 응락하여 말했다. "형의 귀중한 가르침을 명심불망하겠다."

이리하여 선생은 간담상조肝膽相照하고 정의가 두터운 지우 이상설을 궁북절역窮北絶域에서 '평안히'라는 한 마디 말로 이별하고 고국에 돌아왔다.[5]

'근왕주의' 못벗은 한계도

해방 후 보재 선생의 생애와 업적을 연구하는 시도가 있었다. 독립운동가 출신들이 더러 소전小傳과 회고담을 남겼다. 하지만 본격적인 연구는 미뤄졌다. 선생의 활동 근거지 러시아가 적성국가가 되면서 현장 방문과 사료를 찾기가 쉽지 않았다.

1990년대 초반 구소련 연방이 해체되면서 연해주 방문이 쉬워지고 일부 자료도 발굴되었다. 또 기념사업회가 구성되고 다방면에 걸쳐 연구가 진행되었다. 김준엽과 김창순은 공동저서에서 이상설의 이념적 성향을 분석하였다.

> 성명회는 러시아에서 처음으로 출현한 강렬한 의지의 노골적인 반일단체였다. 이미 보아 온 바와 같이 러시아령 한인들은 제1차 러시아혁명의 3년 풍진을 겪고난 사람들이며, 또 그들은 '시베리아광란'의 3년 동안에 러시아 민중을 지배한 것이 제정반대의 사회민주주의자들임을 알고 있었기 때문에, 이상설과 같은 유교적 충군주의자忠君主義者를 지지하지 않는 층도 적지 않았을 것이다.
> 그렇지 않아도 시베리아의 한인사회는 벌써 사상적으로 어지간히 혼탁되어 있었으므로 고종의 총신인 이상설에 대

하여 전면적인 지지를 보내지는 않았을 것은 짐작하기 어려운 일이 아니다. 물론 아직도 존왕사상을 가지고 있는 노인들은 별문제였을 것이나, 이들도 근본적으로는 조선 조정의 비정批政에 견디지 못하여 국외로 도망해 온 사람들이 다수였기 때문에 왕정 옹호자에 대해서는 그리 탐탁하게 생각하지 않을 수도 있는 일이다. 그리하여 "성피지악 명아지원聲彼之惡 鳴我之冤"은 좋으나 왕정 옹호의 독립운동자들, 말하자면 기왕의 착취계급의 사람들에 대해서는 내심 비방이 없지 않았을 것이다.

여기에 러시아 한인의 일반적인 특성이 있다. '을사보호조약'과 경술국치를 전후하여 시베리아에 망명한 사람들 가운데에서 비록 같은 구한국의 관직에 있었다 하더라도 근왕애국勤王愛國의 지지를 견지한 사람은 한 사람도 두각을 나타내지 못하였다. 이동휘도 구한국 참령이었으나 그의 시베리아 생활은 결코 근왕애국은 아니었다.[6]

김준엽과 김창순은 이상설을 '충군주의자'로 분류하였다. 사실 이상설은 고종시대의 충신이었다. 당시 식자들은 군주와 국가를 같은 개념으로 인식하였고, 군주를 섬기는 일이 곧 나라를 지키는 것으로 받아들였다. 해서 이상설이 헤이그 특사로서 활동한 것이나 러시아에 망명하여 국권회복운동에 투신한 것, 고종을 망명시켜 러시아에 망명정부를 세우고자 한 것 등은 모두 동일 의미로 해석이 가능하다.

같은 시기 신민회 출신들이 공화주의자로 변신한 데, 비해 그는 끝까지 충군주의자, 근왕주의자로 종신한 것은 그의 '이념적 한계'로 지적될 수 있을 것이다.

독립유공자 추서, 향리에 추모비

이상설 선생이 서거한 지 2년 후 국내외에서 기미 3·1독립혁명이 일어났다. 어느 측면에서는 보재의 선구자적인 국권회복 투쟁의 씨앗이 발아되어 나타난 혁명이라 할 수 있을 것이다. 상하이에 대한민국임시정부가 그의 동지들과 후학들에 의해 수립되고, 이로써 보다 체계적인 항일독립운동이 전개되었다. 하지만 여전히 독립운동은 많은 희생과 간난이 따랐고 국제정세도 요동쳤다.

고통의 세월이 흘러 1945년 8월, 마침내 중일전쟁에 이어 태평양전쟁까지 도발했던 포악한 일제가 항복하고 우리나라는 해방되었다. 보재 선생은 지하에서 누구보다 먼저 "독립만세!"를 힘차게 외쳤을 것이다. 1962년 3월 1일 정부는 선생을 독립운동유공자로 선정, 대통령장을 추서하였다. 1971

년 3월에는 '보재 이상설 선생 기념사업추진위원회'에서 선생의 출생지인 충청북도 진천군 진천읍 남산골에 높이 10척의 〈보재 이상설 선생 숭모비〉를 건립하였다.

지난날 한국 말엽의 비통한 역사 위에 덮쳐 오는 노도탁탕을 무릅쓰고 산같이 우뚝섰던 정기의 인물 한 분, 그가 바로 저 유명한 헤이그 밀사 세 어른 가운데서도 정사의 사명을 띠고 가셨던 보재 이상설 선생이시다.

나라가 기울어 나라를 울고 집을 버려 집을 울고 제 몸 또한 울어 세 울음의 슬픈 시를 읊었던 선생을 위해 나는 이제 선생의 풀지 못한 천추회한을 다시 울어 그 눈물로 먹을 갈고 그 먹을 찍어 이 글을 쓰는 것이니, 어찌 도연명이 깨끗한 국화 이슬로 먹을 갈아 그 먹으로 조국 진나라 역사를 쓰던 심경에만 비길 것이랴.

슬프다, 예로부터 모든 영웅의사들이 비록 나가서 죽는데도 죽어서는 그 몸이 제 고장으로 돌아온다 하건마는 선생은 죽어서도 못 돌아왔고 한 조각 유물조차 끼치지 않아 우리는 다만 아득한 하늘만 바라 볼 따름이로되, 후세 만인의 선생을 그리고 우러르는 뜻이 결코 형상이나 유물에 있는 것이 아니오 정신과 사상에 있을뿐더러 그 위에 선생의 48년 간의 생애가 바로 민족 정기사의 일절이라 그의 행적을

숭렬사 경내의 이상설 숭모비. 비문은 이은상, 비명은 이범석이 지었고 이상복이 비문을 썼다.

아는 것이 더 귀한 것이다.

선생은 일찍 고종 7년 서기 1870년 12월 7일 충북 진천 고을 동쪽 10리 덕산면 산척리에서 태어나니 경주 이씨 가문 고려 말엽의 대학자 익재 이제현 선생의 23대 손으로 부친은 행우 공, 모친은 벽진 이씨. 7세에 동부승지 용우 공에게 입양하여 서울로 왔으나 13세에 양부가 별세하고 18세에 생부 또한 여의어 소년의 몸에 무거운 상복을 잇달아 입었건마는 꾸준한 노력과 수양으로 자기 앞길을 개척해 갔던 것이다.

선생의 학문은 놀랄 만한 진경을 보여 25세에 문과에 급제하니 그게 바로 동학혁명이 일어난 갑오년이요, 유교·불교·천주교 등 종교 철학과 천문·고등수학·법학·의학 등에까지 두루 통달하여 학계의 최고봉이 되었으며, 고종의 정치 고문 헐버트 박사와 친교를 맺어 외국의 신간 서적을 섭렵하여 구미 정치 사조에도 밝았던 한편, 관계로 나가서는 탁지부 재무관으로부터 성균관 교수, 한성 사범학교 교관, 홍문관시독, 시강원 부담사를 지나 궁내부 특진관, 외부 교섭국장, 학부·법부 협판을 거쳐 의정부 참찬에 이른 것은 을사년 36세 때이었다.

서기 1905년 11월 17일 이른바 을사매국조약이 강제 체결되자 선생은 종로에서 연설하고 통곡하고 오적을 베어 국민들에게 사하소서 하고 불튀는 상소문을 위에 올림과 함께 벼슬을 사직하고 두문불출하다가 이듬해 4월 18일 서울을 벗어나 북간도로 망명하여 거기에 서전 서숙을 세우고 동포 자제들을 교육하더니,

다시 다음해 서기 1907년 봄 블라디보스톡으로 가서 본국으로부터 아우 상익이 인도해 온 이준과 만나 베드로그라드로 전 공사 이범진을 찾아가 상의하고 선생은 정사, 이준은 부사로 황제의 밀사 자격을 띠고서 통역하는 책임을 진 이범진의 아들 위종과 함께 3인 동행으로 극비밀리에 네덜란드의 수도 헤그에 도착하니 그것은 6월에 열리는 만국평화회의에서 적 일본의 침략을 폭로하고 조국의 독립을 보장받으려 함이었으나,

마침내 밀사들의 피돋는 노력은 허사로 돌아가고 또 기자협회 모임에서 연설한 것도 필경 보람없이 된 후에 7월 14일 이 준 동지가 통곡하다 못해 피를 토하고 순국하니 세

상에 이런 비극이 또 어디 있을 것이랴.

선생은 그 길로 불국·독일·영국·미국 등 각국을 역방하며 호소하다가 눈물을 머금고 블라디보스톡으로 돌아와 유인석과 함께 고종황제를 모셔다가 망명 정부를 세우려 하던 중 마침내 1910년 8월에 국치를 당하자 권업회를 설립하여 산업 진흥에 애쓰고,

하바로프스크로 가 군정부와 사관학교를 세워 무력 항쟁을 기도했으나 제1차 세계대전이 터져 그 계획마저 꿈같이 사라져 가슴에 사무쳐 오르는 통분으로 침식을 잊고 지친 끝에 병든 몸을 니코리스크로 옮겨 신음하다가,

이동녕 등 동지들에게 상해로 가 독립운동을 전개할 것과 그 유물은 모두 불태우고 유해는 가루내어 시베리아에 흩뿌리고 광복하기까지는 제사도 하지 말 것 등을 유언하고서 서기 1917년 정사년 음력 2월 초 9일 바람찬 만리 이역에서 눈 못 감은 천추의 원혼이 된 것이었다.

그러나 광복된 오늘이외다. 혼이라도 고국에 돌아오셔서 돌아와 우리의 위로 웃고 받으옵소서.

1971년 3월 1일. 이은상 짓고 이범석 비명, 이상복 비문 쓰고, 보재 이상설선생 유적 보존 위원회 세우다.

생가 경내에 동상과 기념관 건립

보재 이상설 선생 기념사업추진위원회는 1975년 5월 31일 숭모비의 지역을 확장하여 이상설 선생 현양 '숭렬사崇烈祠'를 짓고 선생의 존명을 봉안한 데 이어 이듬해 3월 1일에는 진천군 덕산면 산척리 직산마을에 생가를 복원하고 진천읍 남산골의 숭렬사를 이전하였다.

1997년 숭렬사 중건 및 동상 제막식의 모습

1996년 10월 27일 정부의 후원과 기념사업회 주관으로 선생의 화장된 시신이 뿌려진 연해주 우스리스크 하이푼 강변에서 초혼례를 갖고 혼을 불러와 숭렬사 경내에 부인 서씨와 합장 성분하였다.

1997년 3월 2일에 숭렬사와 생가 경내에 〈보재 이상설 동상〉과 기념관을 새로 건립하고, 서거 80주년 추도회를 엄숙하게 거행하였다.

2001년 10월 18일 러시아 수이푼 강변에서 광복회 주관으로 〈이상설 선생 유허비〉가 세워지고 한글과 러시아어로 비문을 새겼다. 비문은 앞에서 소개한 바 있다.

기념사업회는 1996년 10월 27일 수이푼 강을 찾아 초혼제를 지내고 평생 이상설 연구에 심혈을 기울여온 윤병석 교수가 「초혼사」를 올렸다.

조국을 잃은 민족수난기에 항일 광복운동에 헌신한 수많은 애국지사 중에서도 대표적인 어른이 부재 이상설 선생입니다.

선생은 제국주의 열강이 한반도를 에워싸던 1870년 (고종 7년) 12월 7일에 여조麗朝 명유 익제 이재현의 23대 손으로 충청북도 진천군 덕산면 산척리 산직 마을에서 선비 이행우와 벽진 이씨의 장남으로 출생하셨습니다. 어려서 이

조참의를 역임한 이용우에게 출계, 서울에서 신구학문을 겸수, 문과에 급제하고 관직이 누진하여 36세 때에는 의정부참판에 발탁되시었습니다.

그러나 나라의 비운이 닥쳐 1905년 11월 을사오조약을 맞아 황제에게 순사직을 권하는 사직소를 올려 관직을 벗고 그때부터 일제에게 유린되던 국권의 수호운동과 그를 이은 조국독립운동에 온 생애를 바치어 한국독립운동사에 새 장을 기록하셨습니다.

선생의 그와 같은 활동 중 두드러진 것만 들어도 첫째, 1907년 6, 7월에는 이준 열사와 이위종 위원을 대동하고 저 유명한 대한제국 최후의 구국외교인 헤아 사행을 결행, 국제여론을 환기시켰습니다. 뿐만 아니라 그 사행을 이어 영·독·불·러·미 등 열강을 순방, 한국의 독립이 동양평화의 관건임을 역설하였습니다.

둘째, 1906년 8월경 두만강 건너 북상한 한인이 개척한 북간도용정에 교육주의의 요람인 서전서숙을 건립하여 일백여 만의 한인사회를 이룩한 서북간도와 연해주지방에 민족주의 교육을 실시하기 시작하였습니다.

셋째, 1909년 여름부터는 서북간도를 비롯한 중국과 러시아 연해주 그리고 멀리 하와이와 미주본토에 걸치는 국외한인사회를 결속, 조직하여, 조국 독립운동의 터전을 닦고, 1914년에는 블라디보스톡에 일제와 독립전쟁의 결행을 목적한 망명정부인 대한광복군정부를 세워 그 정통령에 추대되어 국내외 독립운동을 총령總領, 주도하였습니다.

그 동안에도 선생은 의병의 국내진입작전을 피려던 13도 의군 편성을 돕기도 하고 1910년 일제의 '한일합방'에 반대하는 성명회를 개최, 한국민의 독립의지를 표명한 선언서를 선포하였습니다. 또한 권업회와 신한혁명단을 조직 지도하여 일제와의 일관된 항일독립운동을 추진하였습니다.

그러나 부재선생은 지금으로부터 80년 전인 1917년 3월 2일 조국광복을 못 보고 이곳 망명지 시베리아 우스리스크 쌍성자 한인 집에서 48세를 일기로 천추의 한을 품은 채 서거하셨습니다. 그동안 자기 몸은 돌보지 않고 오로지 조국광복에 심신을 다 바친 까닭에 피를 토하는 중병으로 임종이 다가오자 "동지들은 합심하며 기필코 조국광복을 이룩하라. 나는 조국광복을 이룩하지 못하고 이 세상을 떠나니 어찌 고혼인들 조국에 갈 수 있으랴. 내 몸과 유품·유고는 모두 불태우고 그 재마저 바다에 뿌린 후에 제사도 지내지 말라"라는 서릿발 같은 유언을 남기시었습니다.

임종을 지킨 석오 이동녕을 비롯한 조완구·백순 등 여러 동지는 유언을 좇아 이곳 우스리스크 쌍성자 앞 들을 지나 연해주 남쪽지방을 관통하여 아무르만으로 흘러 한반도의 동해로 이어지는 수이푼 강변에서 그 재를 강에 흘려 보냈습니다.

조국이 광복된 지도 반세기를 지난 이제야 부재 이상설 선생기념사업회에서는 국가보훈처의 후원을 얻어 이곳에 찾아와 초혼례를 올리고 선생의 혼백을 조국 땅에 모시려고 합니다. 굽어살피시고 조국 땅에서 간난한 민족의 앞날을 보우하시고 길이 천상의 홍복을 누리옵소서.

러시아 연해주 우스리스크 쌍성자 수이푼 강변에서.[7]

보재 선생의 큰 업적

보재 선생의 민족사에 새길 큰 업적을 골라 정리한다.

첫째, 1905년 11월 을사늑약체결 당시 대신회의의 실무책임자(참찬)였으나 일본군의 제지로 참석하지 못하고, 고종황제가 아직 인준을 하지 않았음을 알고는 사직소를 통해 "황제가 인준을 해도 나라는 망하고 인준을 하지 않아도 망하니 인준을 거부하고 사직을 위하여 순사할 것과, 을사오적을 처단하고 조약을 파기하라"고 상소하였다.

신하가 군주에게 '순사직殉社稷'하라는 상소는 우리 역사상 전무후무한 일이었다. 보재는 이후 관복을 벗고 국권회복운동에 투신하였다.

둘째, 1906년 국권회복을 결심하고 이동녕·정순만 등과 중국 상해를 거쳐 노령 블라디보스토크로 망명하였다. 북간도 용정으로 옮겨 그곳에 근대적 민족교육의 요람인 '서전서숙'을 열고 역사·지리·수학·국제법·정치학 등 신학문과 철저한 민족교육을 실시하였다. '서전서숙'은 존립 기간이 1년여에 불과하지만, 이후 간도 지역 한인의 민족교육의 효시가 되고, 용정은 민족운동의 중심지가 되었으며, '서전서숙' 출신의 교사·학생 대부분이 독립운동에 참여하였다.

일제의 정보자료에 따르면 이듬해(1907년) 결행하는 헤이그특사로 가기 위하여 고종과 밀의한 후 미리 해외로 빠져나갔다는 기록이 있다.

셋째는 1907년 고종황제의 밀지를 받고 정사로 임명되어 이준·이위종과 함께 제2회 만국평화회의 특사로 파견되어 활동하였다. 일제의 반대와 국제열강의 비협조로 회의에는 참석하지 못하였으나, 세계 언론인들을 상대로 을사늑약의 불법무효, 일제의 만행, 한국인의 독립의지를 밝혔다.

이준 열사가 현지에서 순국한 후 보재는 영국·프랑스·독일·러시아 등 여러 나라를 순방하면서 일제의 침략상을 폭로하고 조선의 독립이 동양평화의 관건임을 역설하였다. 이때 조선중립화론을 제기한 바도 있다.

다음 해 4월까지 1년여 동안 미주에 체류하면서 교포들을 상대로 '애국동지대표회'와 '국민회'를 조직하고, 이들 단체의 공동결의로 연해주에 한국 독립운동기지를 만드는 책임자로 위촉되었다. 이에 따라 연해주로 옮긴 보재는 러시아와 만주 국경지대인 북만주 밀산부에 최초의 독립운동기지인 '한흥동'을 건설하였다. 한흥동이란 '한국을 부흥하는' 마을이란 뜻이 담겼다.

넷째, 1910년 국치가 가까워짐을 전해들으면서 유인석·이범윤 등과 함께 '13도의군'을 편성하고, 무력을 통해 국권회복을 도모하고자 하였다. 고종황제에게 밀사를 보내 군자금의 하사와 특히 고종이 러시아로 파천하여 망명정부를 세울 것을 상소하였다. 그때 '망명정부'가 수립되었다면 우리 독립운동사는 큰 변화가 있었을 것이다. 이곳에서 의병투쟁을 벌이고 있는 안중근 의사와 만나 국권회복에 관해 여러 가지 방략을 논의하였다.

다섯째, 일제의 한국병탄 후 연해주와 간도지역 한인 민족주의자를 동원하여 블라디보스토크에 독립운동단체 '성명회'를 조직하였다. 성명회는 한일합병 무효운동을 전개하면서, 8,624명의 서명을 받아 합병 무효와 일제의 만행을 규탄하는 '성명회선언서'를 발표하고, 이 문건을 미국·러시아·중국 등에 송부하였다. 일제강점기 1만여 명이 서명한 독립선언서는 이것이 유일하다. 이런 일로 보재는 러시아 당국에 체포되어 한때 니콜라시스크로 추방당하였다.

여섯째, 1911년 블라디보스토크에서 한인 독립운동단체 '권업회'를 창설하고 교민들의 생업과 독립운동을 일체화하는 각급 활동을 폈다.

권업회는 국치 이후 해삼위에서 조직된 가장 규모가 크고 강력한 독립운동단체였다. 권업회는 특히 항일투쟁의 논조로 일관하는 『권업신문』을 창간하여 단재 신채호를 주필로 영입하는 등 무장한일투쟁과 언론투쟁을 병행하였다.

일곱째, 1914년 만주와 러시아령 동지들을 모아 국치 후 최초의 망명정부인 '대한광복군정부'를 수립하였다. 상하이 임시정부보다 5년 앞서 수립한 대한광복군정부는 정부체제를 갖추었고, 보재는 정통령正統領에 선임되었다. 광복군정부는 광복군을 창설하고 연해주와 서북간도에 3개 군구軍區를 설치하는 한편 기존의 대전학교大佃學校 등에서 군사훈련을 실시하였다.

광복군정부는 1914년 8월 제1차 세계대전의 발발과 함께 러시아가 일본과 동맹국이 되면서 러시아 당국의 탄압으로 더 이상 활동을 하지 못하고 말았다.

여덟째, 보재는 1915년 국제정세의 변화를 지켜보면서 블라디보스토크에서 상하이로 건너왔다. 그곳에서 활동 중인 박은식·신규식, 시베리아의 유동열, 간도의 이춘일, 국내의 유홍열 등과 상해 영국 조계에서 만나 '신한혁명단'을 창단하고 본부장에 추대되었다.

　신한혁명단은 외교부장 성낙형을 국내로 파송하여 비밀리에 고종을 만나서 당수로 추대하니, 중국으로 망명하도록 설득케 하였다. 하지만 이 고종 망명 프로젝트는 조직원들이 일경에 검거됨으로써 수포로 돌아갔다. 조선총독부가 실체를 밝히지 않고 대대적으로 보도한 1915년의 이른바 '보안법위반사건'은 이를 두고 하는 사건을 말한다.

　보재의 고종 러시아 망명 추진과 신한혁명단 당수 추대론 등을 두고 일각에서는 보황주의자 또는 복벽주의자라는 비판이 따른다. 그의 사상적 한계이기도 하지만, 민주공화제를 내건 1919년 상하이 임시정부가 수립되기 5~7년 전이라는 '시대적 한계'를 참작해야 할 것이다.

주

1장 출생과 학문 연구 시기

1 윤병석, 증보 『이상설전』, 11~12쪽, 일조각, 1998.
2 강상원, 『이보재선생 약사초안』(윤병석, 위의 책, 12~13쪽. 재인용)
3 이관직, 『우당 이회영 실기』, 을유문화사, 1985.
4 민영규, 「이건창의 남천기」, 『사학회지』 제20권, 256~263쪽, 연세대학교 사학
   연구회, 1971.
5 윤병석, 앞의 책, 22쪽.
6 편집부, 「보재 이 상설 선생 해적이」, 『나라사랑』 제20집, 17쪽, 외솔회, 1975.

2장 학문 연찬과 출사 시기

1 윤병석, 「이상설론」, 『한국사와 역사의식』, 289~290쪽, 인하대학교출판부,
   1989.
2 정인보, 『담원문록』 권2, 연세대학교출판부, 1967. 영인본
3 「독이참찬소(讀李參贊疏)」, 『대한매일신보』, 광무 9년 11월 24일치.
4 윤병석, 증보 『이상설전』, 18쪽, 일조각, 1998. 재인용.
5 위의 책, 18~19쪽. 요약.
6 위의 책, 19쪽. 재인용.
7 이상설, 「서문: 위당 안숙 저 「비유자문답」 서」, 『나라사랑』 제20집, 124~125쪽,
   외솔회, 1975.
8 이상설, 「상소문」, 『나라사랑』 제20집, 131~134쪽, 외솔회, 1975. 발췌.
9 김삼웅, 『을사늑약 1905: 그 끝나지 않은 백년』, 30~33쪽, 시대의창, 2005. 요
   약.
10 이상직, 「한말잡보」 제4장(윤병석, 『한국사와 역사의식』, 33~34쪽. 재인용).
11 윤병석, 위의 책, 34쪽.

12 이관직, 『우당 이회영 선생 실기』, (초고품). 이관직은 1904년 이후 이회영, 이동
   녕 등과 상동교회를 중심으로 항일 독립운동에 참여하고, 국치 이후에는 이회영
   등과 신흥학교와 경학사 등에서 독립운동을 하였다.

13 이명상, 「사재(史材)」(필사본). '이상설전' 참조.

14 윤병석, 증보 『이상설전』, 38~39쪽. 재인용.

15 윤병석, 위의 책, 39~40쪽. 재인용.

16 『대한매일신보』, 1905년 11월 24일치.

17 이상설, 「공고사: 제2회 만국평화회의 제출 공고사」, 『나라사랑』 제20집,
   147~149쪽, 외솔회, 1975.

3장 벼슬을 버리고 구국운동에 나서

1 이상설, 「상소문」, 『나라사랑』 제20집, 137쪽, 외솔회, 1975.

2 위의 책, 136쪽.

3 위의 책, 139~140쪽.

4 위의 책, 140~141쪽.

5 조완구, 「이상설, 보재소전」, 『기려수필』 수록, 국사편찬위원회, 1955.

6 『대한매일신보』, 1905년 11월 1일치.

7 황현 지음, 임형택 외 옮김, 『역주 매천야록(하)』, 275쪽, 문학과 지성사, 2005.

8 김구 지음, 도진순 주해, 『백범일지』, 195~196쪽, 돌베개, 1997.

9 정인보, 『담원문록』, 연세대학교출판부, 1967. 영인본.

10 이관직, 『우당 이회영 실기』, 을유문화사, 1985.

11 이윤기, 『잊혀진 땅 간도와 연해주』, 45~46쪽, 화산문화, 2005.

12 김정명 편, 「조선군참모부」 보고(1920년 3월 1일자), 『조선독립운동 (3)』, 465쪽.

13 윤병석, 『해외동포의 원류』, 218~219쪽, 집문당, 2005.

14 「이상설」, 『기려수필(騎驢隨筆)』, 국사편찬위원회, 1974.

15 김성준, 「3·1운동이전 북간도의 민족교육」, 『3·1운동 50주년 기념논문집』, 48
   쪽, 재인용, 동아일보사, 1969.

16 윤정희, 「간도개척소사」 필사본(윤병석, 증보 『이상설전』, 51쪽, 일조각, 1998.
   재인용).

17 이지석, 「북간도 서전서숙」, 『중앙일보』 '남기고 싶은 이야기들', 1972년 10월 17~18일치.

18 김성준, 앞의 책, 49쪽.

19 중국 조선민족교육사료집 편위원회 편, 『중국 조선민족교육사료집』 제1권, 연길. 연변교육출판사, 244~250쪽, 2000.

20 동양척식주식회사 편, 「서전서숙」, 『간도사정』, 812쪽, 서울, 1918년.

21 일본외무성문서 135, 「간도 판도에 관한 청·한 양국분쟁의 一건 (5)」, 『명치 40년 9월 16일 통감부 파출소장 재등계치랑 통파발 제5호보고』(윤병석, 「이상설론」, 『한국사와 역사의식』, 52~53쪽, 인하대학교출판부, 1989. 재인용).

22 최홍빈, 「서전서숙과 조선족사회」, 『한국독립운동과 서전서숙』, 65쪽, (사)보재 이상설선생기념사업회, 2007.

23 위의 책, 70~71쪽.

24 위의 책, 77쪽.

25 서광일, 「상동청년회와 서전서숙」, 위의 책, 114쪽.

26 박주신, 「근대교육사에서의 서전서숙의 위상」, 위의 책, 185~186쪽.

27 김철수, 「연변조선족의 항일투쟁과 서전서숙」, 위의 책, 251~252쪽.

4장 만국평화회의 특사로 선정

1 김삼웅, 『이회영 평전』, 42~44쪽, 책보세, 2011.

2 김원모, 『근대한국외교사연표』, 228~229쪽, 단국대학교출판부, 1984. 요약.

3 강성은 지음, 한철호 역, 『1905년 한국보호조약과 식민지지배책임』, 149쪽, 선인, 2008.

4 전택부, 「전덕기 목사와 그 주변 사람들」, 『나라사랑』 제97집, 263쪽, 외솔회, 1998.

5 주요한, 『추정 이갑』, 20쪽, 민중서관, 1964.

6 이상직, 「한말잡보」(윤병석, 증보 『이상설전』, 62쪽. 재인용.)

7 이관직, 『우당 이회영 실기』, 118쪽·132쪽, 을유문화사, 1985.

8 윤병석, 앞의 책, 63쪽.

9 『조선독립운동의 근원』, 「재등실(齋藤實) 문서」 제9권, 민족운동편, 350쪽, 고려

서림.

10 이선근, 『한국사-현대편』, 944~945쪽, 진단학회, 1963.

11 이민원, 「광무황제와 헤이그특사」, 『헤이그특사와 한국독립운동』, 91~92쪽, 독
    립기념관, 2007.

12 윤병석, 앞의 책, 62쪽, 재인용.

13 박효종, 편역, 『러시아국립문서 소장 한국관계문서 요약집』, 44~45쪽.

14 박효종, 「러일전쟁과 한국」, 『신동아』, 2004년 2월호.

5장 만국평화회의 참석을 거부 당해

1 「일본외교문서」 권 40, 428쪽.

2 윤병석, 「이상설론」, 『한국사와 역사의식』, 85쪽, 인하대학교출판부, 1989.

3 윤병석, 「만국평화회의와 한국특사의 역사적 의미」, 『헤이그특사와 한국독립운
   동』, 47~49쪽, 독립기념관, 2007. 재인용.

4 유자후, 『이준선생전』, 「헤아밀사사건」, 360~361쪽, 동방문화사, 1947.

5 이민원, 「광무황제와 헤이그특사」, 『헤이그 특사와 한국독립운동』, 222쪽, 독립
   기념관, 2007.

6 위의 책, 222~223쪽.

7 위의 책, 228~229쪽.

8 이계형, 『고종황제의 마지막 특사 이준의 구국운동』, 233쪽 재인용, 역사공간,
   2007.

9 위의 책, 234~235쪽.

10 『황성신문』, 1907년 7월 19일치.

11 『대한매일신보』, 1907년 7월 19일치.

12 『Haagsche Courant』(네덜란드), 1907년 7월 17일치.

13 이계형, 앞의 책, 240쪽.

14 국사편찬위원회 편, 『한국독립운동사 (1)』, 185쪽.

6장 구미순방하며 을사늑약 반대 활동

1 「헤아의 한국사절단의 연설」, 『대한매일신보』, 1907년 8월 27일치.
2 한철호, 「헐버트의 만국평화회의 활동과 한미관계」, 『헤이그특사와 한국독립운동』, 309쪽, 독립기념관, 2007.
3 『대한매일신보』, 1907년 7월 27일치.
4 위의 신문, 1907년 8월 3일치.
5 『Het Vader Land』, 1907년 9월 5일치.
6 윤병석, 증보 『이상설전』, 106쪽, 일조각, 1998.
7 이민원, 「광무황제와 헤이그특사」, 『헤이그 특사와 한국독립운동』, 233~234쪽, 독립기념관, 2007.
8 김원용, 『재미한인오십년사』, 105~106쪽, 혜안, 2004.
9 『신한민보』, 1909년 6월 2일치, 제135호.
10 소천원굉행(小川原宏幸), 「이토 히로부미의 한국병합구상과 일한협력체제 형성」, 『청구학술논문집』 제20집, 73쪽, 2005.
11 조선총독부, 「조선의 보호 및 병합」, 『복각판 한국병합사연구자료』, 79쪽, 용계서사(龍溪書舍), 1995.
12 F. A. 맥켄지, 김창수 역, 『조선의 비극』, 140쪽, 을유문화사, 1984.
13 『한영외교사관계자료집』 24, 386쪽(한철호, 앞의 책, 294쪽. 재인용).
14 F. A. 맥켄지, 『조선의 비극』, 158쪽, 동양문고, 평범사.
15 『순종황제실록』, 1908년 8월 8일조.
16 김영봉 역주, 『역주 황매천 시집-속집』, 419~420쪽, 보고사, 2010.

7장 연해주에 독립운동의 둥지를 틀어

1 『권업신문』, 제35호, 1~2쪽, 1912년 12월 19일치.
2 임경석, 「한말 노령의 애국계몽운동과 블라디보스톡 한인거류지」, 『성대사림』, 제12·13합본호, 287쪽, 1997.
3 유한철, 「유인석의 연해주 망명과 국권회복운동의 전개」, 『한국근현대사연구』, 1996년 제4집, 150쪽.

4 박민영, 「국치 전후 이상설의 연해주지역 독립운동」, 『헤이그특사와 한국독립운동』, 93쪽, 독립기념관, 2007.

5 윤병석, 『국외 한인사회와 민족운동』, 190쪽, 일조각, 1990. 재인용.

6 윤병석, 증보 『이상설전』, 119쪽, 일조각, 1998.

7 『한국독립운동사자료집-홍범도편』, 84~87쪽, 한국정신문화연구원, 1995.

8 김삼웅, 『안중근 평전』, 585쪽, 시대의창, 2009.

9 『의암집(毅菴集)』 권 16, 「답 이참찬」, 365~366쪽, 1909.

10 위의 책, 366쪽, 1910년.

11 『의암집』, 「의암연보」 및 행장 참조.

12 앞과 같음. 윤병석, 앞의 책, 129쪽.

13 박민영, 「십삼도의군」, 『한국독립운동사사전 (5)』, 386쪽, 독립기념관, 2004.

14 박보리스, 「국권피탈 전후시기 재소한인의 항일투쟁」, 『한민족독립운동사논총』, 1068쪽, 1992. 재인용.

8장 국권회복투쟁에 선구적 역할

1 윤병석, 증보 『이상설전』, 130쪽, 일조각, 1998.

2 박민영, 「국치 전후 이상설의 연해주지역 독립운동」, 『헤이그특사와 한국독립운동』, 104쪽, 독립기념관, 2007.

3 윤병석, 앞의 책과 같음.

4 박종효 편역, 『러시아국립문서보관소 소장 한국관련문서 요약집』, 73쪽, 한국국제교류재단, 2002.

5 박종효, 위의 책, 「쏘모프의 비밀전문」, 1909.

6 박민영, 앞의 책, 106쪽. (이 부문 박민영의 글에서 재인용했음을 밝힌다)

7 이상찬, 「한일병합조약-필체동일강압증거」, 『경향신문』, 2009년 7월 7일치.

8 데라우치, 『조선총독 보고 한국병합시말』, 이종학 역, 『1910년 한국강점자료집』, 사운연구소, 2000.

9 앞의 보고서.

10 김삼웅, 『을사늑약 1905년 그 끝나지 않은 백년』, 329~330쪽, 시대의창, 2005.

11 윤병석, 증보 『이상설전』, 134쪽, 일조각, 1998.

12 위의 책과 같음.

13 이 「성명회 취지서」는 일제가 압수하여 일역하여 기록한 것을 윤병석 교수가 다
    시 국역한 것이다. 위의 책, 134~135쪽.

14 『의암집』 부록 권 55, 「연보」, 1910년 7월조.

15 『의암집』 부록 권 56, 「행장」(이정규 호)

16 「기밀한(機密韓) 제39호」 1910년 8월 20일.(일본외무성 외교사료관 소장)

17 『대동신보(大同新報)』, 1910년 8월 28일치.

18 박민영, 앞의 책, 113쪽.

19 윤병석, 앞의 책, 232~234쪽, 재인용.

20 『의암집』 권 2.

21 박민영, 앞의 책, 119쪽.(이 부문 박민영박사의 글을 많이 인용·재인용했음을 밝
    힌다)

9장 권업회 창설과 『권업신문』 발행

1   김준엽, 김창순, 앞의 책, 75쪽.

2   『한국독립운동사사전 (3)』, 475~476쪽, 독립기념관.

3   앞과 같음.

4   윤병석, 앞의 책, 151쪽.

5   『권업신문』, 1912년 8월 29일치.

6   윤병석, 「이상설 선생의 생애와 독립 운동」, 『나라사랑』 제20집, 58쪽, 외솔회,
    1975.

7   이용화, 「항일 투쟁의 원로 이 상설 선생」, 위의 책, 110쪽.

8   김준엽, 김창순, 『한국공산주의운동사 (1)』, 76쪽, 청계연구소, 1986.

9   반병률, 『성재 이동휘일대기』, 116쪽, 범우사, 1998.

10 강상원, 「이상설선생 약전」.

10장 국권회복운동의 마지막 투혼

1 윤병석, 증보 『이상설전』, 157~158쪽, 일조각, 1998.

2 계봉우, 『아령실기』(위의 책. 재인용).

3 윤병석, 「이동휘의 생애와 전기 및 전서」, 『성재 이동휘전서 (상)』, 20~21쪽, 독립기념관, 1998.

4 김정주 편, 「국가보안법위반사건」, 『조선통치사료』 5, 644~645쪽, 동경 한국사료연구원, 1970.

5 리영일, 『리동휘 성재선생』, 202쪽, 『한국학연구 5』(별집), 인하대학교 한국학연구소, 1993. (영인·해제되었다)

6 계봉우, 『조선력사』(원고본), 47~48쪽.

7 강영심, 「신한혁명단의 결성과 활동」, 『한국독립운동사연구』 2, 1988, 118쪽.

8 강영심, 「신한혁명단」, 『한국독립운동사사전 (5)』, 345쪽, 독립기념관, 2004.

9 위의 책, 346쪽.

10 윤병석, 「이상설 선생의 생애와 독립 운동」, 『나라사랑』 제20집, 65쪽, 외솔회, 1975.

11 윤병석, 증보 『이상설전』, 346~347쪽, 일조각, 1998.

12 위의 책, 168~169쪽.

11장 비통한 서거와 추모

1 권오돈, 「보재 선생과 독립 운동」, 『나라사랑』 제20집, 93~94쪽, 외솔회, 1975.

2 민충식, 「연해주 시절의 이 상설 선생」, 위의 책, 103쪽.

3 『신한민보』, 1917년 5월 31일치.

4 이완희, 「보재 이 상설 선생의 유훈」, 『나라사랑』 제20집, 112쪽, 외솔회, 1975.

5 이정규·이관직, 『우당 이회영 약전』, 134~136쪽, 을유문고, 1985.

6 김준엽·김창순, 『한국공산주의운동사 (1)』, 74쪽, 청계연구소, 1986.

7 윤병석, 증보 『이상설전』, 294~295쪽, 일조각, 1998.

지은이 김삼웅

독립운동사 및 친일반민족사 연구가로, 현재 신흥무관학교 기념사업회 공동대표를 맡고 있다. 『대한매일신보』(현 『서울신문』) 주필을 거쳐 성균관대학교에서 정치문화론을 가르쳤으며, 4년여 동안 독립기념관장을 지냈다. 민주화운동관련자 명예회복 및 보상심의위원회 위원, 제주 4·3사건 희생자 진상규명 및 명예회복위원회 위원, 백범학술원 운영위원 등을 역임하고 친일반민족행위진상규명위원회 위원, 친일파재산환수위원회 자문위원 등을 맡아 바른 역사 찾기에 부단히 노력하고 있다.
역사·언론 바로잡기와 민주화·통일운동에 큰 관심을 두고, 독립운동가와 민주화운동에 헌신한 인물의 평전 등 이 분야의 많은 저서를 집필했다.

독립운동의 선구자
보재 이상설 평전

1판 1쇄 펴낸날 2016년 12월 20일

지은이 김삼웅

펴낸이 서채윤 펴낸곳 채륜
책만듦이 김미정 책꾸밈이 이현진

등록 2007년 6월 25일(제2009-11호)
주소 서울시 광진구 자양로 214, 2층(구의동)
대표전화 02-465-4650 팩스 02-6080-0707
E-mail book@chaeryun.com Homepage www.chaeryun.com

© 김삼웅. 2016
© 채륜. 2016. published in Korea

책값은 뒤표지에 있습니다.
ISBN 979-11-86096-42-0 03910

이 도서의 국립중앙도서관 출판예정도서목록(CIP)은 서지정보유통지원시스템 홈페이지(http://seoji.nl.go.kr)와 국가자료공동목록시스템(http://www.nl.go.kr/kolisnet)에서 이용하실 수 있습니다. (CIP제어번호 : CIP2016029289)

채륜서(인문), 앤길(사회), 띠움(예술)은 채륜(학술)에 뿌리를 두고 자란 가지입니다.
물과 햇빛이 되어주시면 편하게 쉴 수 있는 그늘을 만들어 드리겠습니다.